销售高手成交技巧

用你的特别之处赢得客户

営業は自分の「特別」を売りなさい

[日] 辻盛英一 著
王幼麟 译

机械工业出版社
China Machine Press

图书在版编目（CIP）数据

销售高手成交技巧：用你的特别之处赢得客户／（日）辻盛英一著；王幼麟译 . 一北京：机械工业出版社，2022.10
ISBN 978-7-111-71731-7

Ⅰ. ①销⋯　Ⅱ. ①辻⋯ ②王⋯　Ⅲ. ①销售–方法　Ⅳ. ①F713.3

中国版本图书馆 CIP 数据核字（2022）第 181766 号

北京市版权局著作权合同登记　图字：01-2022-2427 号。

EIGYOU HA ZIBUN NO "TOKUBETSU" WO URINASAI by Eiichi Tsujimori.
Copyright © Eiichi Tsujimori, 2018.
All rights reserved.
Original Japanese edition published by ASA Publishing co., Ltd.
Simplified Chinese translation copyright © 2022 by China Machine Press.
This Simplified Chinese edition published by arrangement with ASA Publishing co., Ltd, Tokyo, through HonnoKizuna, Inc., Tokyo, and BARDON CHINESE CREATIVE AGENCY LIMITED.

本书中文简体字版由 ASA Publishing co., Ltd, Tokyo 通过 HonnoKizuna, Inc., Tokyo, and BARDON CHINESE CREATIVE AGENCY LIMITED 授权机械工业出版社独家出版发行。未经出版者书面许可，不得以任何方式抄袭、复制或节录本书中的任何部分。

销售高手成交技巧：用你的特别之处赢得客户

出版发行：机械工业出版社（北京市西城区百万庄大街 22 号　邮政编码：100037）
责任编辑：岳晓月
责任校对：韩佳欣　张薇
印　　刷：三河市宏达印刷有限公司
版　　次：2023 年 1 月第 1 版第 1 次印刷
开　　本：147mm×210mm　1/32
印　　张：7
书　　号：ISBN 978-7-111-71731-7
定　　价：59.00 元

客服电话：（010）88361066　68326294

版权所有·侵权必究
封底无防伪标均为盗版

THE TRANSLATOR'S WORDS · 译者序

收到出版社翻译此书的邀请时,我正在池泽教授的研究室里忙碌。

"要接下这个翻译工作吗?"我把忙碌的日子撕开一条缝,探出头来问自己。

原书的篇幅并不长,因此我断定,翻译这本书所付出的代价(时间和精力)应该不会太多。但对我来讲,凡是需要付出代价的事情,无论代价多么微小,它都必须满足两个条件:第一是有意义(输出建设性观念);第二是有用(提供操作性方法)。

我决定先看完原书再做决定,于是带着这两个条件把原书认认真真地读了一遍。

这是一本写给销售员看的书。作者从头到尾都在做两件事情：一是严肃地表达他对销售工作及其操作方法的理解；二是生动地解构一个个鲜活的销售案例，让读者身临其境地观摩他及他的学员如何从零开始做销售。他们失败沮丧过，也挣扎纠结过，但始终坚持学习、思考和总结，最终实现了从"销售菜鸟"到"销售高手"的进化，驾轻就熟地在销售场上纵横驰骋。

销售本来是一件有难度的事情，但作者和他的学员"浴火重生"之后的表现更像是在玩一个有趣的真人游戏：你付出心力的同时也会得到丰厚的实物奖赏。至于是付出多还是奖赏多，那就要看你是否配置了好的"装备"（正确的销售观念和可操作的好方法）。我认为这本书最大的价值就在于，它提供了好的"装备"！

好的"装备"是游戏玩家的底气。连我这个"门外汉"都跃跃欲试，想把它穿戴起来去销售场上"升级打怪"了！

但我有一堆研究任务，暂时还不能去销售场上

"升级打怪",所以就愉快地接下了这本书的翻译工作,同时运用书里提供的部分观念和方法,重新审视自己当前的研究任务,调整思路,和池泽教授以及研究团队进行更有效的沟通……后来我惊奇地发现,这个翻译工作没有让我更加忙碌,反而让我工作起来感觉更加轻松!看来,即使在一个非销售人员身上,这本书也能实现它的两个价值:有意义、有用!

王幼麟

序言·FOREWORD

很多销售员都遇到过"销售业绩无法提升"的难题。

针对这个普遍性难题,日本大都会人寿保险公司的顶级业务员辻盛英一先生通过梳理和总结自己的工作经验,并结合指导和观察600多位销售员的操作实践,写成了《销售高手聊天术》一书。本书从"建立正确的销售观念"开始,循序渐进地解析了销售工作中经常出现的错误,带领销售员一步步地"建立行之有效的行为模式",最终达到"提升销售业绩"的目的,为实现"财务自由"和完成"自我实现"提供了可能。

在第一章，作者从不同的角度出发，用不同的方式启发读者去认识"销售无处不在"的真相，并结合自己的亲身经历来诠释销售的本质。销售的本质是什么？了解销售的本质与建立正确的销售观念有什么关系？正确的销售观念为什么能提升销售业绩……大量的实操案例不但帮读者回答了这些问题，还给读者提供了很多让人耳目一新的观念。

大多数人都认为销售就是"卖东西"，但作者在第二章告诉我们，顶级销售员卖的不是"东西"，而是自己的"特别之处"。什么是"特别之处"？如何发现和运用自己的"特别之处"并将其转化为销售额？作者从怎么思考、怎么说话、怎么行动等几个方面入手，生动地演示了"卖东西"和"卖特别之处"的区别，让人在不知不觉中就能加以运用。

同样是做销售工作，不同水平的销售员有不同的思考方式和行为方式，作者在第三章就按照从低到高的顺序将销售员群体分成六个销售层级，并结合大量的实操案例帮助销售员"对号入座"找到自己的位置（即准确定位自己的销售层级），为之后使用合适的方法晋级打好基础。

在第四章到第六章，作者在大量实操案例的基础上，详尽地剖析了不同层级销售员的基本特征（思考方式和行为方式）以及优缺点，并有针对性地给不同层级的销售员量身定制了不同的销售方法。若采用作者提供的建议和方法，相信大部分销售员都能扬长避短地发挥出自己的"特别之处"，逐步实现从低层级向高层级的跃升，达到销售四阶（顾问型销售阶段）的水平，在开心工作的同时拥有稳定且丰厚的经济收入；少部分销售员则可以达到销售五阶和六阶的高度，在物质层面实现财务自由，在精神层面实现自我价值。

第七章是作者关于销售的全面思考，并带出了一个具有挑战性的新结论：用对方法，能让你挣 1 亿日元⊖比别人挣 1000 万日元还简单！

⊖ 1 日元 ≈ 0.05 元人民币。

学会聊天术，比你"硬推销"好十倍

一想到要去拜访客户就烦得想抽烟……

就算得到了一次见面的机会，却根本无法预约下一次见面的时间……

这样的日子持续了数周、数月甚至数年之久，已经到了对明天的到来感到恐惧的地步……

在我开设的"如何成为成功业务员"研修班中，有一位42岁保险业务员，他就每天深陷这样的痛苦中。他原本只是爱喝酒，但为了逃避销售工作带来的焦虑，不知从什么时候起开始变本加厉，他每天晚上都喝得酩酊大醉，好像要把自己泡进酒缸一样。

除他以外，在我的研修班里还有不少人抱着"好业绩"的梦想入行，在销售实践中却梦碎一地，面对工作时感到无计可施……

有一位做过职业网球选手的男性业务员，虽然网球打得好，却不善于与人交流，见到客户也不知道该说什么，迫不得已只好谈谈网球，却让对方更加接不上话……

还有一位 28 岁的女性业务员，"零订单"持续六个月之后，她感觉自己与前辈和上司的见面都变成了一种煎熬。为了逃离现状，她频繁地以出外勤为借口在外消磨时间，有时去电影院，有时去做按摩……

你是否也像他们一样，在巨大的心理压力下咬紧牙关做销售？

不过，请放心，你能改变这种状况。

那个借酒消愁的业务员，在参加了我的研修班以后，短短三个月的时间，就把月收入提高到 100 万日元，半年不到又上了一个新台阶，月收入达到 200 万日元的水平。曾是网球选手的那位先生，他现在已经把客户关系维护得非常好，好到对方会主动找他下单的程度，年收入达到了 4000 万日元。那位 28 岁的女性业务员也获得了公司年度"最有价值销售员"（MVP），整个人充满了活力，仿佛天生就很擅长做销售一样。

在我的研修班里，很多说过"完全卖不出去"的人在研修之后有很大改观，取得了让人刮目相看的好成绩。他们之所以会有这么大的变化，是因为我教给了他们如何售卖自己的"特别之处"。**只要能将"特别之处"作为最佳卖点，无论是谁都能成为顶级业务员，而且是"享受"工作过程的顶级业务员。**实际上，在开始售卖"特别之处"之后的 13 年里，我一直在日本大都会人寿保险公司做顶级业务员。

何谓"特别之处"？我认为，从经济学角度来说，它是有利于客户的附加值；从心理感受层面上来讲，它是唤醒客户认同感的催化剂。

你是不是在想："这对我来讲很困难，因为我没有特别之处？"

其实，所有的业务员都有自己的"特别之处"，只是各人的"特别之处"不尽相同而已。换句话说，"特别之处"就是你"喜欢的东西"和你"感兴趣的事情"：喜欢饮酒的话，饮酒就是你的特别之处；喜欢网球的话，网球就是你的特别之处；若喜欢电影和按摩，它们就都是你的特别之处。

顺便一提，我的"特别之处"是棒球。

我曾利用做棒球队外援或教别人打棒球的机会，成功地与那些一直被认为不会签约的企业签下了不止一两个企业保单。在大都会人寿保险公司做顶级业务员的时候（其实现在也一样），我在本职工作之外还兼任了某大学棒球队的教练，一个月有25天在棒球场上和选手一起度过，做销售工作的时间不过几天而已。至于我在公司处理的其他杂务，全部加起来的工作时长也不及他人的1/10。

你或许会觉得不可思议：这种工作模式还能让我在13年的时间里维持住顶级业务员的地位！可能有人会问："这也行吗？这样真的能提高工作业绩吗？"

业绩是真的会提升的。事实上，上过我研修班的大多数人已经证明了它的效果。而且，体验到销售工作的真正乐趣之后，没有一个人愿意辞职。

若能阅读本书，我相信你也一定会有类似的感受。

常常有业务员、领导、经营者到我这里来请教，"我想知道销售的秘诀"或"我想提高销售额"。

很多人责任感超强又拼命工作，但无论怎么努力都取得不了好业绩，所以烦恼不已。在这里我想告诉你的是，上进心和努力固然重要，但是销售是看结果的工作，也就是说，只要能拿出业绩，销售是不论方法的。

因为有缘，你与本书相遇了，相信从此以后你可以一边做"自己喜欢的事情"，一边不断地提高自己的销售业绩。若能按照本书倡导的使用"特别之处"来钻研销售方法的话，相信你一定能一边享受探索销售之路的乐趣，一边收获意想不到的成果。

销售是一项妙不可言的工作，与它相遇的机

会是难能可贵的,我希望你能将它视为自己的骄傲,也希望你每天都乐在其中地与客户互动。为此我写下本书,若对你有所帮助,我将感到万分荣幸!

  本书的精彩内容即将与你见面,敬请期待!

辻盛英一

译者序

序言

前言　学会聊天术，比你"硬推销"好十倍

第一章
越是乐在其中做销售，客户就越有可能选择你

1　世界上没有"不适合做销售的人" / 2

2　忘记在培训中学到的销售方法 / 5

3　销售员要以挑"女婿"的标准来要求自己 / 11

4　不是"让客户买"，而是"让客户感觉有得买真好" / 14

5 要成为客户眼里的"最好",除了发挥你的"特别"之外,没有其他更好的办法了 / 16

6 用好你的"喜欢",就能创造"价值" / 19

第二章

顶级销售员向客户展现自己的"特别之处"

1 "自己喜欢的事情"也能成为"别人喜欢的事情" / 26

2 "特别之处"指的不是技高一筹 / 29

3 有时候你觉得"不怎么样"的事情,也能成为你的强大之处 / 32

4 所谓"特别之处",就是一定程度上只有你才能做到的事 / 39

5 "特别之处"的最大功用就是消除不信任感 / 42

6 与你的"特别之处"有同感的人是你的潜在客户 / 46

7 用一点小技巧就能让"特别之处"的效果倍增 / 49

8 与他人的不同经验能成为你发现自己"特别之处"的入口 / 52

9 "我只会……",其也能成为"特别之处" / 55

10 用好"特别之处"能让你爱上销售 / 57

11 与其强行改善自己的弱点，还不如磨炼自己的"特别之处" / 60

12 绝不能把自己厌恶之事当成"特别之处"加以磨炼 / 63

13 正因为是渠道销售，才更需要选择客户 / 67

第三章

六阶销售
销售的六个阶段

1 了解自己所处的"销售层级"很重要 / 74

2 销售一阶（蛮力型销售阶段）：越努力做销售就越讨厌销售工作 / 79

3 销售二阶（行动力型销售阶段）：靠客户数量取胜 / 80

4 销售三阶（舍得型销售阶段）：不计成本地为客户做事 / 81

5 销售四阶（顾问型销售阶段）：不求客户的对等回报 / 82

6 销售五阶（粉丝型销售阶段）：拥有一众爱屋及乌的支持者 / 83

7 销售六阶（领袖魅力型销售阶段）：客户眼里神一样的存在 / 84

8 大多数销售员都应以销售四阶作为自己的发展目标 / 86

9 不同层级的销售员要使用不同的晋级方法 / 90

第四章

提升业绩的必经之路一

搞清楚被半数以上销售员误解的销售本质

1 一阶销售员的思维方式和行为特征 / 94

2 "蛮力型销售"和恐吓抢钱简直没有区别 / 99

3 "昨天你和多少人见面了" / 102

4 摆脱蛮力型销售的途径一:不把工作记事簿和私人记事簿分开 / 104

5 摆脱蛮力型销售的途径二:用心发掘自己经手产品的价值 / 107

6 摆脱蛮力型销售的途径三:准确地向客户传达"产品的特别之处"/ 111

7 摆脱蛮力型销售的途径四:试着堂堂正正地说出"我是来销售的"/ 114

8 摆脱蛮力型销售的途径五:以参加"模特酒会"的心态去和客户见面 / 117

9 摆脱蛮力型销售的途径六:不进行"欺诈销售"/ 119

10 摆脱蛮力型销售的途径七:使用"特别之处"来创建群组 / 121

11 摆脱蛮力型销售的途径八:设置"特别场合"来获取联系方式 / 124

12 摆脱蛮力型销售的途径九:在兴趣社群绝对不谈工作 / 128

13 摆脱蛮力型销售的途径十:没有"特别之处"就创造"特别之处" / 130

第五章

提升业绩的必经之路二
了解被三成销售员经常用错的时间和方法

1 行程满满的销售员不等于能干的销售员 / 134

2 二阶销售员的观念:与客户见面的次数越多,业绩就能越好 / 137

3 二阶销售员应该调整思路:即使客户数量减少,销售额也有可能提高 / 140

4 二阶销售员的焦虑:不续签合同的话,工资就保不住 / 143

5 二阶销售员的进阶途径一:去见客户时不带工作任务 / 146

6 二阶销售员的进阶途径二：一天留出 30 分钟的时间来发呆 / 150

7 二阶销售员的进阶途径三：别忘了活用"特别之处" / 153

第六章

提升业绩的必经之路三
改变思维，让自己从"卖东西的人"转变为"提供服务的人"

1 三阶销售员的思考方式：把别人眼里有价值的东西给出去，让它变成业绩 / 158

2 三阶销售员的观念：客户满意度会转化为销售额 / 161

3 三阶销售员注意事项一：有些时候就算客户说"我想买"，也要断然拒绝 / 164

4 磨炼"特别之处"，跨越年入 1 亿日元的壁垒 / 167

5 三阶销售员注意事项二："给予"时别忘了自我介绍 / 170

6 四阶销售员：以服务客户为乐 / 173

7 为何成为"顾问型销售员"就能提升收入 / 177

8 五阶销售员和六阶销售员：不再亲力亲为做销售 / 179

9 扩大"特别之处"的覆盖范围，使你提供的价值最大化 / 183

第七章

穷极"特别"之道

让你挣 1 亿日元比别人挣 1000 万日元还简单

1　想挣 1 亿日元的话,今天就开始改变行动吧 / 188
2　"只要销售额能持续上升就好"的真正意义 / 190
3　做喜欢的事情并非"只要玩玩就好" / 192
4　成为"特别的销售员"不会被时代所抛弃 / 196

结语

从流浪汉到靠着"特别之处"重新站起来

一个男人的故事

第一章

越是乐在其中做销售，客户就越有可能选择你

> 我认为,世界上没有不适合做销售的人。因为说到底销售就是一句话——"把对方期望的事情和喜欢的事情变成现实",这是所有销售工作的起点。

销售高手 成交技巧

世界上没有"不适合做销售的人"

如果长时间没有业绩的话,大多数业务员就会开始怀疑:我适合做销售吗?我认为,世界上没有不适合做销售的人。因为说到底销售就是一句话——"把对方期望的事情和喜欢的事情变成现实",这是所有销售工作的起点。

我们不妨先来看一下企划这件事。生产产品和提供服务的时候,我们必须考虑两件事情:一是客户期望,二是满足客户期望的方法。当有人思考"要怎么做才能解决客户的烦恼或难题"时,畅销商品或优质服务就产生了。在这里,"把对方期望的事情和喜欢的事情变成现实"是一种销售思维，哪怕是那些不与客户直接打交道的经理或 HR 也应该具备。

说到经理，你或许认为他的任务不过是"循规蹈矩地记录钱的走向"而已，与销售并没有太大的关系。但你有没有想过，他需要结合过去的经验和目前的状况来考虑企业未来的走向，需要查找利润无法增加的原因……所以，"解决公司所存在的问题"才是经理本来的工作。在这里我们看到，"实现员工期望的事情和员工喜欢的事情"从本质上来讲与销售工作是一致的。如此一来就能得出一个结论：不适合做销售的人，也不适合做其他工作；做销售却没有业绩，不过是没有找到正确的方法而已。

可能有人会说"没有那回事"，有人会说"我已经参加很多培训了，说来说去也不过是些商品知识，以及'倾听→提交方案→成交'这样的洽谈流程罢了"。面对这些说法我不得不说：如果只靠这些的话，无论你怎么努力都出不了好业绩。

销售中拿出好业绩的最大技巧就是，擅用每个人拥有的"特别之处"，然后了解自己在销售阶段上

所处的位置（即了解自己的销售段位），不断进化销售手法（详见第三章）。一个非常有趣的事实是，很多人仅靠这一点就能取得意想不到的佳绩。而且，能做好销售的人，跳槽后顺利开展新工作的概率也会直线上升。

第一章
越是乐在其中做销售，客户就越有可能选择你

 忘记在培训中学到的销售方法

2018年开设自己的公司之前，我一直在大都会人寿这家世界级的保险公司工作，13年里，我的销售业绩一直保持着无人能及的"江湖地位"。因此，那段时间我总能在公司内外听到"辻盛真是销售的奇才啊""真厉害啊"之类的感叹，或者"你从不会为工作发愁吧"之类的羡慕，抑或"辻盛你真会随机应变，把诀窍教给我吧"之类的请求。对那些希望从我这里获得销售方法的人我总是认真回应，算上每天给别人提供的建议，到目前为止我已经教过2000多人做销售了。

但是说实话,我也并非一开始就做得顺风顺水。因为我一出生父母就被告知我的左脑没有脑电波,是死亡率为99%的罕见病,所以我曾长时间住院,五岁了还不能正常走路。父母对我的未来没抱太大期望,他们只是本能地希望"能做点什么",并想尽一切办法帮我治疗。

此后我与棒球相遇:中学时代一个劲儿地打棒球,大学期间更是为了打球而天天逃课。就在这时我父母经营的水果店破产,我迫不得已要自己挣学费和生活费,于是就开设了一个面向贫困学生的补习班,大约每月50万日元的收入勉强支付了我的日常开销。

大学毕业之后我就职于一家大型商业银行。跟周围那些毕业于东京大学和京都大学的"精英"们比起来,我的学历就显得非常逊色。于是我一边想着"既然不能用学历决胜负,那就用实力来决胜负吧",一边紧绷神经开始工作。

我在银行的第一份工作是从早到晚站在ATM机旁,劝顾客办理信用卡贷款。但无论我怎么努力,就

第一章
越是乐在其中做销售，客户就越有可能选择你

算跟所有到银行办事的人都说上了话，也没有签成哪怕一个小小的单子。日子就这样持续着，我甚至忘记自己为什么要进这家银行了。更为甚者，因支行的营业额不理想，我突然被指派去做从未接触过的工作，就是傍晚六点向客户推销房贷。结果我常常是既无法约到客户又不敢回银行，就只能在咖啡馆里消磨时间。想到被客户以粗暴的方式拒绝时，我甚至都怀疑自己还有没有存在的价值。

"越是努力做销售就越是被客户讨厌"的想法让我感到恐惧和烦恼。我筋疲力尽地想："如果一直沿用以前的销售方法而不能有所突破的话，我是没办法逃离困境的！我不想再被客户讨厌了，我想被客户喜欢！"于是我决心把自己在培训课里学来的销售方法全部丢掉。

契机是去客户家里做的一次推销，这个客户是阪神老虎棒球队球迷。

"既然一说到销售就会被讨厌，继而出差错，还不如聊聊阪神老虎棒球队就回去。"我这样想着就去了客户家里，从教练的配置一直聊到选手的起用……

我原本就特别喜欢棒球,所以越聊越投入,不知不觉就热血沸腾地聊了两个多小时。这在我以前"只谈销售"的年代是绝不可能发生的事情。

"不好意思!讲了这么久……"我慌忙起身准备离开的时候,客户突然问:"话说回来,辻盛,你来干什么来着?"我回答:"我是来聊棒球的。"客户就笑着说:"正好我要替换一批设备,不如从你们银行贷 5000 万日元吧。"随即现场签下了合同。

类似的事情发生很多次之后,有一天我顿悟了:原来是这么一回事啊!也就是说,从本质上来讲,本书所说的售卖自己的"特别之处",就是"以实现对方喜欢的事情为目标"进行销售。

现在回想起我当初走过的那段历程,真是前途渺茫又辛苦万分。我为自己能逃离这样的处境而高兴,也希望所有跟我有相似经历的人有朝一日能从这样的困境中脱身,因此我每天都做着大量培训、指导和演讲工作。

销售业绩不断攀升,我精神紧绷的状态也就不存在了。后来我接到邀请,转职进入大都会人寿保险

第一章
越是乐在其中做销售，客户就越有可能选择你

公司，一进去就成了业绩顶尖的业务员。工作成绩突出，心情也越来越好，我的人生似乎进入了顺风顺水的状态。

就在此时，也就是我认为"一切都会顺利进行下去"的2008年9月，美国投资银行雷曼兄弟的破产事件引发了全球的金融危机。日本当然也不能独善其身。我客户的公司一个接一个地倒闭了，取消保险合同的函件也一个接一个地如雪片般向我飞来。之前接近100%的合同续签率跌至18%，我面临着每个月都要支付500万日元罚款的困境。看到客户在金融危机的影响下惶恐不安，于是我逐一拜访并说明情况，同时表示会用最大的诚意与他们一起寻找解决问题的办法，共渡难关……在我真诚的努力之下，客户的情绪稳定下来，事情很快就出现了"反转"：说"你要是犯难，我来帮你"的客户不断增加，他们不但自己购买新保险，还为我介绍了新客户。因为他们的支持，我偿清了罚款，仅仅一个月的时间就把业绩做到了以前的水平——我得以死而复生！

以"特别之处"为媒介和客户交往，对于客户来

说你就不再是一个一般的业务员,而是一个"特别的业务员",是一位"朋友"!这是他们愿意帮助我的原因。得到客户帮助而成功脱险时我深刻地体会到,与客户建立良好人际关系的销售工作是何等美妙!做银行职员的时候,我认为客户是客户,业务员是业务员,两者是完全不同的存在。但后来我恍然大悟:归根结底,客户和业务员都是人,他们只是立场不同而已,人与人是能够在交往过程中建立关系的。于是我下定决心,"对于自己的客户,我的重心不再是期待销售回报,而是尽自己所能做好服务"。

  销售不只是一份推销产品的工作,还是一种非常美妙的职业,它让你有机会与各种各样的人相识、相知,并从中获得成长。

第一章
越是乐在其中做销售，客户就越有可能选择你

"3" 销售员要以挑"女婿"的标准来要求自己

我常常在研修班里提问学员："作为客户，你讨厌什么样的销售员？"大部分学员都会回答："不讲卫生的人、不谦虚的人、不了解自己产品的人。"

我又问："假设有个女儿，你讨厌什么样的上门求亲者？"他们一致认可的答案有：不诚实的人、没礼貌的人、容易发怒的人、不会赚钱的人、有暴力倾向的人、虚张声势的人、说话无趣的人、挑食的人、乱扔烟头的人……

等我将问题变成"请列举你讨厌的总理大臣的类型"时，他们的答案就变得苛刻起来：不会说英语的

人、没有领导力的人、穿衣品位差的人、撒谎时面不改色的人……

除了这些答案之外,你还能想到一些别的什么吗?

我之所以会这样"逼问"学员,目的是让他们能设身处地地思考:销售员要带着什么样的认知去工作?

大部分人对"销售员"和"女婿"抱有不同的期待。在销售员群体里,如何看待这两种角色之间的差异?不同层级的销售员是有不同程度理解的。有人认为:"不过是销售员而已,怎么能跟女儿的结婚对象相提并论呢,有点吹毛求疵了吧!"之所以会这样想,是因为他们小看了销售这份工作。也就是说,他们没能从本质上去理解"如何面对客户"的重要性。在顶级销售员心里,"不希望看到的销售员"跟"讨厌的总理大臣"同属一个"重量级":没有领导力不行,衣品差也不行,撒谎更是不行……他们总是这么严苛地要求自己。

挑销售员→挑女婿→选总理大臣,对方在自己心里越重要,人们的认可标准就越高。作为一个销售员，要成为客户眼里"特别的存在",最低限度也要把自己的综合素质提升到"女婿"这个层次才行。因为良好的人际关系能让对方发自内心地产生亲近感和信任感。当客户像认可"女婿"一样来认可你时,他对你的接纳就会上升到"成为家人也无妨"的程度,通过提升客户对你的接纳度和认可度来做销售,你的工作就从单纯的"去卖东西"转变为"去获得成为家人也无妨的信任感"了,客户还有什么理由不喜欢你呢?

销售高手 成交技巧

"4" 不是"让客户买"，
而是"让客户感觉有得买真好"

你认为销售是一份什么样的工作？

如果问正在从事销售工作的人"销售是一份怎样的工作"，他们一定会提供各种各样的答案。但遗憾的是，到目前为止，仍然有大量的销售员认为，销售就是"让客户不停地购买"。假如你也有这种想法的话，请立刻将它丢弃，因为只要心里有一点点这样的意识，你就可能把客户的态度演变成多少带点无奈的"那我买吧"。而真正的销售员是让客户产生"一定要买"的念头，在心理感受上与其形成上下位关系。

销售工作的本质应该是，销售员向客户介绍产品并且接受对方感谢的过程。一方面，客户买到提升生活品质的东西自然心情愉快；另一方面，销售员因提供了让客户满意的产品也变得快乐。从这个意义上来讲，销售是一份让买卖双方都变得更加幸福的工作。因此我有足够的理由说，**销售工作追求的不是"让客户买"的结果，而是"让客户感觉有得买真好"的过程体验**。所以，纠正错误的销售观念后，销售工作就会变得"乐在其中而不能自拔"。

销售高手 成交技巧

"5" 要成为客户眼里的"最好",除了发挥你的"特别"之外,没有其他更好的办法了

还记得我在前言里提到的那位爱喝酒的销售员吗?他刚来参加我的研修班时总是焦躁不安,因为他所在的公司会定期进行业绩考评,如果六个月之内销售额还达不到一定水平的话,就有可能被辞退。他没办法提升业绩,所以总是说"我很快就会被辞退了……"为了逃避这种压力,他就夜夜买醉,日子过得天昏地暗。

在了解情况之后,我给他提了一个建议:"喜欢喝酒是一件很有趣也很重要的事情,邀请客户一起

去喝吧！"

这话一出他立刻大惊失色："你在说什么呢！"

看着他一脸的不安，我平静地说："找一个你经常去的酒吧包场，把客户带过去如何？"

他半信半疑地说了句"我知道了"就开始行动了。

一周之后，他在之前常去的酒吧开了一次派对，拿出自己喜爱的几款高级威士忌与客人一起品用，同时向他们做了诸如此类的介绍："这款威士忌有烟叶味道，很受男士喜爱"，或是"招待客人的话，我推荐这个牌子19年的酒"……说到与酒有关的话题，他总能头头是道。

在此之后，他仅用三个月的时间就把月收入提高到了100万日元。更出人意料的是，他在半年之后就实现了收入翻番，达到月收入200万日元的水平！为了发挥自己能喝酒这个"特别之处"，现在他仍然每两周就开一次派对，持续不断地邀请新老朋友一起饮酒聊天。除此之外，他还会以酒为媒，跟一些特别的客户不定期相约，发展更深层次的私人关系……这些都让他的粉丝数量快速增长，不知不觉他

的年收入就达到了 3000 万日元。

因为自己喜欢酒，只要是"酒的话题"他就能说得绘声绘色，客户听了当然也无比开心，所以他根本不需要用什么话术就能聚集大量听众，继而和越来越多的人交上朋友。"朋友"们知道他是保险业务员，自己或者亲友需要买保险的时候自然就会想到他。在这种情况之下，想让销售额不上升是很难的！

这个"以喝酒为特别之处"的销售员的故事告诉我们，使用"特别之处"来提升销售业绩并不是高难度的事情。找出自己的"特别之处"，在与客户互动的过程中合理运用，从而提升销售业绩，这是你也可以做得到的事情！

让自己成为客户眼里的"最好"，除了发挥你的"喜欢"和"特别"之外，没有其他更好的办法了！

第一章
越是乐在其中做销售，客户就越有可能选择你

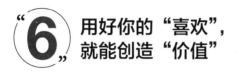

现在我们来说说 K 先生的故事，他是某知名奢侈品服装品牌的销售员。虽说是服装店的员工，但除了接待自己负责的客户来店之外，他一般不在店铺露面。通常情况下，他一个月只在店铺出现五六次，却把销售业绩做到了全日本顶尖的水平。或许你会问，他不去店铺的时候都在干什么，是跟客户在一起吗？是的，他跟客户在一起。他们一起去流行餐厅吃饭，或是到海外旅行。

那么，他为什么要这样做呢？

销售高手

K先生非常喜欢研究服饰之类的东西，他总能把自己店铺里的所有商品都牢牢地记在心里，即使面对一个完全陌生的客户，他也能立刻就提供出完美的个性搭配方案。不仅如此，他还会给客户提出建议，告诉他们如何才能将自己已有的其他品牌的单品合理搭配，以达到最佳的穿搭效果。K先生最擅长的事情是根据客户出席的场合以及客户的外形条件来选择衣服的面料和剪裁方式，再综合其他各种因素做出恰当的商品推荐。例如，我说"要去泰国旅游"，他就会建议"泰国潮湿，穿这种T恤会比较舒服"，或是"虽说你一直穿的都是粗棉长裤，但我觉得这条短裤更适合你"。我也总是在听了他的建议之后顺理成章地买下他推荐的商品。而且，如果有适合我的商品上架，他会通过诸如LINE之类的社交软件通知我："你看看这些商品吧，如果有心仪的就告诉我，帮你留着。"这样一来，我只要是想买衣服就一定会跟K先生联系。

他总能推荐得体的服饰，让客户穿戴得光彩照

第一章
越是乐在其中做销售，客户就越有可能选择你

人，客户自然会心情愉悦。作为客户，我也对他产生了信赖感，不知不觉地就会跟他讨论一些更加私密的话题，现在的K先生对我来说已经是一个不可或缺的"特别"的存在了。我估计在他的客户之中，不少人都有着和我一样的经历吧。

自己乐在其中又让客户开心的销售工作一定能取得好的业绩。K先生说他很喜欢这份工作。

现在我们来讲讲居酒屋销售员T先生的故事，他是发自内心喜欢销售工作的人。

T先生特别喜欢日本酒，几乎把全日本不同产地的酒都喝过一遍，他对日本酒的了解有多深就可想而知了！虽然是居酒屋的销售员，但T先生一般不在自己的居酒屋现场卖酒。下面让我们来看看他是怎么做销售的。

T先生经常去那些提供日本酒的居酒屋或是小吃店吃饭。别人能看到的是他摆出一副闲散吃喝的样子在那里消费，看不到的是他在认真地分析店家的各种情况，考虑什么酒最适合这家店。"啊，原来这里提

供这样的酒啊……可是明明还有更好的选择啊，太可惜了！"只要主人接茬儿，他就顺势把自己经销的好酒介绍给这家店。"这一瓶免费送，你先让客人喝，看看他们是否喜欢。"他总是在提供免费样品后就离开，等到店家从客人处得来的反馈都是好评时，正式订单就产生了。这样一来，T先生、店家、喝酒的客人都开心，他们实现了"三方共赢"。通过发挥自己的"特别之处"，T先生将酒库、店家和客人连接成了一条顺畅地推广日本酒的通道，这是他的愿望，也是他最开心的事情。

现在我们看到了，无论是K先生还是T先生，他们并没有做什么很夸张的事，只不过是尽力把自己"喜欢的事"和"特别的事"在客户面前还原给他们看，销售额自然而然地就跟着升上去了。所以我说，用好你的"喜欢"，就能创造"价值"。**人们只会为有价值的东西掏钱。**

相信包括我在内的所有销售员都希望自己能成为K先生和T先生。既然这样，你就要相信"你

"喜欢的"和"特别的"事情,或者说能够代表你的事物,肯定是存在的,它们正等着你去发现呢!静下心来好好挖掘,让这些因你而存在的"特别之处"转化成更多独有的价值吧!

第二章

顶级销售员向客户展现自己的"特别之处"

> 能够成为顶级销售员的人,往往是那些使用自己的"特别之处"与客户共情,建立良好关系并将其转化为销售业绩的人。

"1" "自己喜欢的事情"也能成为"别人喜欢的事情"

能够成为顶级销售员的人,往往是那些使用自己的"特别之处"与客户共情,建立良好关系并将其转化为销售业绩的人。这种说法听起来好像是说顶级销售员都有什么"特别的才能"一样。但我所说的"特别之处",并不是先天的才干,或是后天努力而来的某种能力,而是"对你来说特别的存在",或者换句话说,你的"特别之处"就是"你喜欢的事情"或"你感兴趣的事情"。

你可能会问:"'特别之处'是能给自己带来利益的特质,我们能这么'肤浅'地理解它吗?"在我

第二章
顶级销售员向客户展现自己的"特别之处"

的研修班里也常常有人会用怀疑的口气问："自己喜欢的事情怎么能跟提高销售业绩扯上关系呢？"好像越是亲身经历了赚钱辛苦的人，就越会产生这样的疑问。这是因为他们经历了工作的辛苦，才会在无意识中把"喜欢和感兴趣的事情"与"挣钱的事情"放到完全相反的立场上去。因此我们首先要做的是，打破这种错误的固有观念。

我在前言中介绍的那位曾经是职业网球选手的销售员，他的"特别之处"是网球；六个月没拿到订单的28岁女销售员，她的"特别之处"是外出就餐。他们后来在销售上能够取得成功都是因为用活了自己的"特别之处"。

现在我们就一起来找找自己的"特别之处"吧！

相信所有人都有自己"喜欢的事情"和"感兴趣的事情"。那么，怎么来界定这些事情呢？我认为那些让你乐在其中、沉浸其中而忘记时间流逝的事情，对你来说就是"特别的存在"。怎么样，你现在想到一些什么事情了吗？

我常常在研修班里启发学员去寻找自己喜欢的

事情。但最初的时候大部分人都会若有所思地说"我好像没有喜欢过什么",或是"我不知道自己喜欢什么,真的找不出来",甚至在我给出提示"跟工作无关的事情也算"之后,他们也只会把喜欢的事情限制在"对销售工作有帮助"或"能够提升技能"这样的框架里,结果还是没找到。他们似乎认为,单纯的兴趣不可能成为挣钱的有效途径。人有这种认知本无可厚非,但你必须了解的真相是,你喜欢的事情无论是"网球"还是"料理",哪怕是"睡觉",都可以算进来变成提升你销售业绩的工具。接受这个观点对很多人来讲有不小的挑战性,但你想过没有,你喜欢的事情也可能被他人喜欢,也就是说,**对你来说"特别的事情",也可能成为对他人来说"特别的事情"**。销售员在销售产品前的首要任务是取得客户的信任,而通过展现你的"特别之处"与那些有同样认知的客户共情,就能为你赢得客户的信任打下坚实的基础。

第二章
顶级销售员向客户展现自己的"特别之处"

 "特别之处"指的不是技高一筹

"我喜欢踢足球,但球技不好,离职业选手的水平还远着呢,所以我觉得这应该还够不上你说的'特别之处'吧。"

"我喜欢绘画,不过只能随手画画素描而已,好像谈不上'特别之处'。"

"我擅长弹钢琴,但目前的水平弹给别人听我会感到难为情,这种也能算'特别之处'吗?"

以上是我在研修班里跟学员一起讨论"特别之处"时经常听到的话。学员的这些顾虑反映了他们的认知误区,那就是把"特别之处"和技能水平的高低等同起来了。其实，我所说的"特别之处"，它并不要求你有高人一等的才能或技术（技高一筹当然是好事）。才能和技术有多少都没关系，对销售员来讲，你对于这件事情的"喜欢"和"喜欢的程度"才是最重要的。打个比方你就明白了：如果你对足球的喜欢程度到了哪怕是为它耗掉整个假期都愿意的地步，那么，即便你的球技不好，但说起足球的话题你仍然会无比开心……这样的话，足球就称得上是你的"特别之处"了。

　　大家都有这样的经验，就是对于自己喜欢的事情，在没人督促的情况下我们也会想方设法把它做好，并且在重复做这些事情的过程中还不会感到枯燥乏味或痛苦。恰恰相反，我们感受到的全部都是快乐，甚至还有可能在逐步深入的过程中对这件事的来龙去脉产生兴趣，继而自发地去了解它的历史或相关背景。这样就形成了一个良性循环的通道：喜欢→重复→产生新知识→更加喜欢→再次重复→更新的知识产生……通常情况下，这个良性循环的过程会呈螺旋式上升，喜欢的程度自然是越来越高的。"喜欢程度"越高，就越能达到"特别"的领域。所以**界定自己的"特别之处"，决定性的因素并不是技能的高低，而是你打心眼里对某事的喜欢程度。**

如何才能发现自己的"特别之处"，我们有一个很简单也很重要的方法，那就是看自己是否真的能够不带目的、纯粹乐在其中地重复一件事情。能纯粹乐在其中的事情，就是我们发自内心的喜欢之事，也就是我们所说的"特别之处"。

"3" 有时候你觉得"不怎么样"的事情，也能成为你的强大之处

如果你无论如何都找不出自己的"特别之处"或"喜欢的事情"，那么可以问自己以下几个问题：

- ▶ 如果能得到一个月的假期，我想做什么？
- ▶ 我做什么事情的时候感到最开心？
- ▶ 如果有数不清的钱，我想拿它去干什么？

在这里我要特别提醒的是，这些问题都是与工作无关的，回答的时候你只需要考虑自己的"本能"就可以了。你可以毫无顾忌地想象一下，自己在完全放松的假期里会做什么事情；你也可以回忆以往的快

第二章
顶级销售员向客户展现自己的"特别之处"

乐时光,搞清楚是什么样的事情让自己如此快乐;或者大胆地想象一下自己有数不清的钱……假设你的快乐时光是和孩子一起度过的话,那就可以进一步思考,你和孩子在一起具体玩的是什么:游戏?足球?或者别的什么活动?相信你总能找到一件自己喜欢的事情。即使你只是"喜欢跟孩子一起悠闲地度过"也行。若是这样的话,你可以再延伸思考一下,你喜欢什么样的悠闲?

我之所以花这么多精力来启发大家去寻找"喜欢的事情",是因为经验告诉我,活用"喜欢的事情"可以让销售员在没有压力的情况下大幅提升销售业绩。

我在前言里说过自己的"特别之处"是棒球。正因为能一直打自己最喜欢的棒球,我才有机会与各种各样的人成为朋友,也才有可能在之后 13 年的时间里不间断地拿到"顶级业务员"的桂冠。其实有些看起来不怎么样的事情,比如喜欢出去吃饭,喜欢打网球,喜欢打麻将……都能够作为"特别之处"来进一步提高销售额,让自己在享受工作的过程中实现业绩飞涨。在我邀请大家思考那些与工作无关的"喜欢的事情"和"感兴趣的事情"时，必然有人会问：

"这么做真的有用吗？"

"有这样的兴趣连我自己都觉得很奇怪，怎么能用它来提升业绩呢？"

"这种事情，说不上什么特别吧？"

……

也许你有同样的想法，但请你问问自己，世界上有没有哪件事情只有一个人喜欢？也就是说，你喜欢的事情一定还有别人同时在喜欢。所以，只要你有"这样的事情"就够了。**有时候，你觉得"不怎么样"的事情，也能成为你的强大之处。**

为了帮助读者寻找自己的"特别之处"，我设计了一个问题列表。若要知道自己的"特别之处"，请认真回答列表里的问题（你不需要为了提高销售额而回答，只需要为了认识自己而回答就可以）。

首先，请找出自己"喜欢的事情"吧。

发现你的"特别之处"问题列表

"特别之处"是所有人都具有的。你的"特别之处"是什么？请通过回答以下问题来找出答案。

问题分为阶段1、阶段2、阶段3共三个阶段。

> **阶段1** 整理出你当前的所有资源，也就是在你的生命中自然而然存在的事情，只要是能让别人感兴趣并产生亲近感的，它就有可能成为你的"特别之处"。在与客户交流的时候，你可以有意识地把这个问题的答案当成话题来试试。
>
> **阶段2** 对于没有喜欢之事的人来说，你可以从自己的行为中找出兴趣来：你反复做却不感到厌烦的事就是你喜欢的事。这样的事情或许不只一种，你可以都列举出来，分别深入地去思考。
>
> **阶段3** 去寻找你一直真心"爱着"的那些东西或者事情，列表中那些问题的答案就是你的"特别之处"。

现在我们回到阶段1开始回答，你可以借此机会重新检视自己，答案的范围也会逐渐扩大。至于"特别之处"的使用方法，我们会在第三章来讨论。

阶段 1

检视自己"现有资源"的列表

- ☐ 你现在住在哪里?
- ☐ 你出生在哪里?
- ☐ 你有搬家的经验吗?你在哪些地方居住过?
- ☐ 你父母出生在哪里?
- ☐ 你祖父母出生在哪里?
- ☐ 你的生日、生肖、星座是什么?
- ☐ 有没有和你同一天生日的名人?如果有,是谁?
- ☐ 你是什么血型?
- ☐ 你毕业于哪所学校?
- ☐ 你小时候习惯做什么事?
- ☐ 你学生时代参加过社团吗?
- ☐ 你现在做什么工作?以前做过什么工作(包括打工)?
- ☐ 你现在的工作业绩如何?

阶段 2

找出自己"喜欢之事"的列表

- ☐ 你休息的时候一般都干些什么?

- ☐ 你有没有喜欢反复看的电影?
- ☐ 你现在是不是在学习做什么事?
- ☐ 你现在有没有参加某个运动队或是兴趣社团?
- ☐ 你有没有中意的品牌,比如手表、包包之类的东西?
- ☐ 你有没有自行车或汽车之类的交通工具?
- ☐ 你一般在哪里购物?
- ☐ 你喜欢哪家餐馆?
- ☐ 你经常使用的电脑软件是什么?
- ☐ 你喜欢什么类型的书?
- ☐ 你迄今为止去过哪些国家或地区?

阶段3
发现自己"心爱之事"的列表

- ☐ 你有没有从孩童时代开始就一直在做的事情?如果有,它是什么?
- ☐ 你有没有和别人说话感到开心的时候?
- ☐ 你有没有被他人称赞的时候?
- ☐ 你有没有不知不觉就会去做的事情?如果有,那是什么样的事情?
- ☐ 如果有一个月假期,你会做什么?

- □ 如果不工作也有收入,你想做什么?
- □ 有没有让你忘记时间的事情?如果有,那是什么样的事情?
- □ 有没有"倒贴钱"也想去做的事情?

第二章
顶级销售员向客户展现自己的"特别之处"

"4" 所谓"特别之处",就是一定程度上只有你才能做到的事

"拥有一辆法拉利算是你的特别之处吗?"如果有人这么问的话,我会很肯定地回答他:不算!因为"法拉利"是只要有钱谁都可以入手的。如果有人想和拥有法拉利的人见面,他的见面对象不一定是你,因为拥有法拉利的人很多。比起拥有法拉利,"喜欢汽车""喜欢法拉利"才更加重要。

H先生是一位特别喜欢摩托车的保险业务员,他有三辆改装的摩托车,还参加过好几次摩托车越野赛。或许你会问:"参加摩托车越野赛的人又不多,这么小众的兴趣也能给销售帮上忙吗?"是的,他

就是把这个"特别之处"用活,让销售业绩飞速提升的。

我们都知道参加摩托车越野赛是需要执照的,正因为如此,对一个普通人来讲,无论他多么喜欢摩托车,想要驶上越野赛的赛道都是一件门槛很高的事情。H先生也在玩摩托车的过程中注意到,很多车友都有一个相同的遗憾:"虽然我喜欢摩托车,但没上过赛道"!于是H先生去见那些对摩托车感兴趣的人并提议:"要不要坐上我的后座,在赛道上试着跑一跑?"这对于喜欢摩托车的人来说是无法抗拒的诱惑。车友们总是脱口而出:"当然要!请带我试试!"通常H先生会顺势补上一句:"和我一起坐了摩托车之后,回来还可以谈谈保险的事哦。"这样一来他不但把客户带上了跑道,还推销了保险。之后签约不断,在不到半年的时间里他就成了顶级销售员。即使是现在,也还源源不断地有人为了上赛道这件事情来找他,表示"我也要体验",他的保险客户自然就不断地增加了。

H先生之所以会积累到这些客户,是因为他很清楚地知道，把人带上赛道这件事情在一定程度上是只有他才能做到的。现在请大家想一想，你喜欢的事情中有哪些是只有你才能做到的，把它们当作"特别之处"去提供给客户吧。

"5" "特别之处"的最大功用就是消除不信任感

为什么使用"特别之处"就能够成为顶级销售员呢？因为在销售的过程中，阻碍客户购买的因素有"四个不"：

（1）不信任（没办法相信）。

（2）不需要（没有需求驱动）。

（3）不适合（产品与自己没有适配性）。

（4）不着急（目前不需要）。

这四者之中最大的障碍就是客户的初始感觉——不信任，销售工作无法顺利进行的原因七成以上都源于此。人在受到外来信息刺激时，本能的反应是保护

第二章
顶级销售员向客户展现自己的"特别之处"

自己原有的信念系统不被冒犯,具体到销售这件事上,就是不希望自己因别人的"影响"而购买东西。所以作为销售员,你释放的信息哪怕只有一点点让对方感到原有的购买意愿受到挑战,就会引起他们的警戒和提防。换句话说,面对销售员的时候,人们会习惯性地产生"这不是强卖吗"或者"这不是把我当成好骗的人吗"之类的戒心,进而把销售员当成"骗子"而不予信任。接下来就是,无论销售员推荐的产品有多好,客户对销售员的说辞都不会感到满意。

那么,要怎么做才能消除"不信任感"呢?

答案是:把话题转移到"喜欢的事情"上。**要解除客户的警戒心,"特别之处"会成为打开话题的一个契机。**

有一次,我仅仅说了自己喜欢的"汽车"和"手表"的话题,就让某企业的社长签下了每人1000万日元、总共四个人的保险合同。

见面之前我听别人说取信于这个社长非常困难,他已经拒绝了所有想要拜访他的保险业务员;就算是找到特别途径与他见了面,也会在五分钟之内被扫地出门。而我当然知道，用五分钟的时间来谈业务是远远不够的，所以我决定见到他后不说保险的事。我拜访的那天正好看到他门口有一辆罕见的车，所以我的话题就从那辆车开始："一楼停的那辆车，是丰田和阿斯顿马丁合作款的车吗？"

"你看出来啦！"社长不但不反感这个话题，还兴高采烈地跟我聊起了车的话题。结果可想而知，我们的谈话不是五分钟就结束了，而是持续了足足一个小时！在我临走时，社长问我："话说你是干什么的来着？"

我说："其实我是来谈保险的，但是我听说已经来过很多保险业务员了，所以我决定改天再来。"

社长说："那你下周把方案书拿来吧。"于是我在第二周拿着方案书过去了。这回他门口停的是另一辆车，看起来应该是一辆试生产的电动汽车。这辆与上周不一样的汽车给我开启了一个新话题的机会，因此我无法抑制自己的兴奋，一进门就说："社长，一楼的那辆车看起来很新潮，那是一辆什么车啊！"社长很高兴地说："那是××厂家的新品，他们请我试驾……"他满脸笑容，看上去比上周还要开心。

然后，我不仅可以继续聊车，还在不知不觉中把话题转到社长那天戴的手表上，也聊了一个小时之久。就在我开始琢磨要用什么方式拿出方案书才好的时候，社长突然问："你带方案书来了吗？给我看看！"我慌忙将方案书递了过去，社长查看后当场就把全体干部的保险敲定了。在这次销售经历中，我甚至都没有对自己销售的东西做过任何说明，仅仅是讨论"喜欢的话题"就让他产生了信任感，继而"做成了生意"。事后我想，社长之所以决定购买我的保险，应该是认为我既然能对他感兴趣的事情了解得这么清楚，那么我推荐的东西也一定错不了吧。

这一次的经历告诉我，下点功夫就可以获得好业绩，在销售这一行确实是有可能的。

"6" 与你的"特别之处"有同感的人是你的潜在客户

我认为销售这份工作就是与信任自己的客户相处一辈子。稳定地提高销售业绩的秘诀是，跟那些能够与你的"特别之处"产生同感的人互相信任并构筑长期关系。这样不但能减轻销售工作中产生的压力感，还能在没有压力的情况下提升销售额。

但也许有人会问：只接触那些和自己兴趣相投的人，不是在人为地缩小客户范围吗？销售额怎么会提升呢！

我能理解他们这种疑问。下面让我们一起来思考一下这个问题。

第二章
顶级销售员向客户展现自己的"特别之处"

假设你是非常喜欢打高尔夫的人,周末就一定会去高尔夫球场打两轮吧。两人一组的高尔夫球,你若是一个人去的,就必定会去找另外一个搭档。这样算下来,一年里你就会接触并结识到将近200人。如果他们中间有10%的人能成为你的客户,你一年就能获得20个新客户,你不觉得这是个很大的机会吗?传说中的"保险推销大师"托尼·高登曾说,"普通人死亡的时候,来参加葬礼的人大约是250人"。他的意思是,即便是一个最普通的人,他至少会交到250个愿意来参加他葬礼的朋友。

这也就是说,平均一个人有250个熟人,你的250个朋友就会带来62 500个熟人。然后,这62 500人也每个人有250个熟人。熟人,然后是熟人的熟人,仅仅这样就已经是一个庞大的数字了。当然,并非所有人都能跟你的"特别之处"产生同感。就算250个人里只有10个人能跟你建立关系,这么算来也会有2500人。若是在这2500人中,只有10%能与你进一步有同感,也会让你开拓出250个新客户。这么想来,就算是用自己的"特别之处"作为标准,

把"部分熟人"排除在"客户"的范畴之外,也不会出现"销售额上不去"的情况,反而是能让你保有相当数量的忠实客户。

对你的"特别之处"有同感的人数

假设一个人能认识 250 个人

按照熟人的熟人推演,你可能跟这么多人认识:250 人 × 250 = 62 500 人

➡ 如果有 10% 能跟你产生同感的话,由熟人介绍而来的客户数是:

250 人 × 10% = 25 人

➡ 拜访熟人的熟人,能拉到的客户人数为:

62 500 人 × 10% = 6250 人

越是磨炼你的"特别之处",跟你有同感的人数就会越多。

第二章
顶级销售员向客户展现自己的"特别之处"

 用一点小技巧就能让"特别之处"的效果倍增

好不容易找出来的"特别之处",如果想要更加有效利用的话,还是需要一些小技巧的。

假设你的"特别之处"是打高尔夫球,就试着去和所有的客户说,"最近我有点沉迷于打高尔夫球",然后看他们的反应。如果客户说:"嗯,我不打高尔夫。"从此以后你就不要再和他说高尔夫球的话题了;如果客户说:"哦,是这样吗?你打得多吗?"并且表现出很感兴趣的话,这就说明他和你的"特别之处"产生同感了!这时你就可以回答类似"对,最近我打了80多次"的话,这样就能继续高尔夫球的话题。如果你们先聊到工作,你也可以说,"工作的话题先说到这里,我们来聊聊高尔夫吧",以此来开始双方都感兴趣的话题。等快乐的对话结束,快要离开的时候,再补一句"下次我们再来谈谈工作的事",这样就能取得下次见面的预约。

这里的重点是,让客户明白"工作和喜欢的事情是分开的,你并不是因为工作的原因才跟他说他感兴趣的事情"。

一旦抛出与"特别之处"相关的话题,除非对方主动提出来,否则之后你就不要再提工作的事了,这是很重要的原则。

为什么话题开启之后就不宜再主动提工作的事情呢?因为你用自己的"特别之处"好不容易才唤醒的同感,容易被对方误解为"原来你前面那些有趣的谈话都是为了工作做的铺垫"。

如果和在高尔夫球场认识的人聊工作的话题,当被问到"你是做什么工作的"时,回答"卖保险"是没有问题的,但是如果被问到"卖什么保险",你就认为"他对我销售的保险有兴趣",并且滔滔不绝地开始介绍险种,这是绝对不行的。正确的做法是,轻描淡写地再次回到类似高尔夫这种工作以外的话题上去:"工作的事,下次有机会再谈吧。"你不用担心错过了难得的机会,因为你如果能通过"特别之处"与对方心灵相通的话,机会迟早会来的。在这里我要强调的是,建立信任关系以后才能说工作的话题,在此之前千万不能唐突。

"8" 与他人的不同经验能成为你发现自己"特别之处"的入口

如果对"特别之处"的理解只是简单地等同于"喜欢的事情",很多人会说"我几乎没热衷过什么事情"。因此,单单以"喜欢的事情"为突破口还不足以发现到你的"特别之处"。

但世界上根本就不存在没有"特别之处"的人。

首先,找出自己的特点,并以此为依据创造出自己的"特别之处"。创造"特别之处"的时候,"与大部分人不同"或者"与他人的经验不同"是很有用的。其中一个典型的要素,就是你的出生地。

"社长,您说的是鹿儿岛方言吧,其实我也是在

第二章
顶级销售员向客户展现自己的"特别之处"

鹿儿岛出生的。"这样的话题可以用来打破僵局并拉近双方的距离,相信很多人都有类似的经验。但是,像东京或大阪这种人口众多的地方,同样出生于此就很难让人产生亲近感。反而像"曾在世田谷区太子堂住过"这种限定在狭小地域里的话题,不但能让人产生亲近感,还能让人产生同伴意识。至于其他方面,毕业学校也有异曲同工的效果。我在银行任职的时候,就看到有不少人因为"是校友"而被叫去参加一些特别的项目,也有不少人因为"是校友"而被考虑调任。无论是谁,都会与那些和自己有共同点的人产生一定程度的心灵相通。而且,越是不常见的共同点,越让人觉得这是双方意识互通的渠道,相通的感觉就会越强烈。

前一段时间,我的学会参与人J先生的故事让我更加深信不疑,与众不同的经验确实有超乎寻常的用处。

J先生经营着一家建筑公司,他为自己无法拓展新业务已经愁了好长时间。来参加我的学会后,我想帮助他在他现有的资源里寻找一个突破口,就跟他聊

他的过去以及他周围的人和事。当我听说他哥哥曾经是远近闻名的年轻"暴走族"的领头人后，就启发他尝试着利用这条人脉。J先生采纳了我的建议，鼓起勇气和哥哥谈了这件事情（J先生曾是个循规蹈矩的学生），然后得到了和哥哥的朋友见面的机会。因为哥哥的缘故，哥哥的朋友都友好地接待了他："这不是××的弟弟吗！"从第二周开始，他就陆续拿到了一些合同。

  J先生的故事告诉我们，在你现有资源（过去的经历和当下的处境）中就能找出很多与众不同的事情来，成为你独一无二的"特别之处"，这对销售来讲是非常有用的。试着活用一下问题列表"阶段1"（见35页），你一定会找到很多突破口。

第二章
顶级销售员向客户展现自己的"特别之处"

"9" "我只会……",其也能成为"特别之处"

我们先说一个有趣案例。H先生是一个20多岁的副导演。在我的研修班里,他跟其他学员一样,不知道"我喜欢的事情是什么"。他有点无奈地说:"我好像就没有'特别之处'……我只会跟着优秀的人喝彩,或者讨好他们。"

"没想到你竟然有这么厉害的'特别之处'!"我激动地告诉他,"你能发自内心地为别人喝彩,真是太了不起了,这说明你能看到别人的优点。把这个当成自己的长处发挥出来,它一定能帮助到你,H先生!"

　　H先生本来认为"喝彩"和"讨好"是一件可耻的事,所以他被我的话吓了一跳。但是,由于他在我的态度里看到的是由衷的欣赏,所以就选择了相信我,不再限制自己"喜欢喝彩"和"喜欢讨好"的天性,而是任其自由发展了。从那以后,他经常被前辈或者上司叫出去活跃气氛。过了几年,30岁的H先生突然动念想开一家模特和演员的经纪公司,那些曾经受惠于他"喝彩"和"讨好"的人就说:"如果你开公司的话,我会给你介绍业务的。"由此,他不但开办了经纪公司,还取得了很好的成绩。随着公司业务的不断发展,H先生也变得越来越成熟了。如果H先生仍然认为"喝彩"或者"讨好"是一件"讨厌的事"的话,他的事业就不会有今天这种局面。但是H先生冷静下来之后,他把"喝彩"和"讨好"作为自己的"特别之处"来喜欢,也因此得到周围人的喜欢,并且取得了好成绩。

第二章
顶级销售员向客户展现自己的"特别之处"

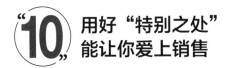

"10" 用好"特别之处"
能让你爱上销售

美国有一项研究指出，一个人的"强大之处"能大幅提升工作意愿和工作效率，放大效应约为原来的6倍。本书所讲的"特别之处"也是"强大之处"的一种。如果不能把它活用起来就去销售的话，跟你只用1/6的力量去工作没什么区别。反过来，能够活用"特别之处"进行销售的人充满自信和希望，在工作的时候就会变得游刃有余，有能力为客户和同事等周边的人着想。

前言中提到的那位曾经是职业网球选手的先生，就是用这样的方法大幅提升销售业绩的。作为保险业务员，最初来见我的时候他几乎没什么业绩，只是沮丧地说："跟客户见面的时候我总是不知道说什么才好……我越来越讨厌这个工作了。"我知道他的问题出在哪里，就对他说："暂时先忘记卖保险的事，去打网球吧。"他是那种能为网球忘记一切的人，所以一听到我的提议，他就到附近的网球俱乐部开心地打起网球来。因为曾经是职业选手，他的球技优势很快就凸显出来了。一段时间之后，同一个俱乐部里就有人对他说："你能教我打球吗？"于是他得到了给别人上课的机会，原来的球友变成了他的学员。后来，得到他指导的学员都想给他支付报酬，但他所在公司禁止员工从事副业，于是学员们就开始商量："他给我们提供了这么多的指导，我们要怎样才能回报他呢？反正都是要买保险的，不如就在他这里买吧。"于是他签下了一个又一个保险合同。

现在我们来梳理一下他做的事情：到网球俱乐部打网球，然后回应球友的需求而教授他们网球技巧。仅仅如此就带动合同签约数和收入双双上升了！现在他是年收入超过 4000 万日元的顶级销售员。说到这

第二章
顶级销售员向客户展现自己的"特别之处"

里我突然想起他前几天找我聊天的事情来。他说最近因手腕疼不能打网球，销售额又停滞不前了，感觉自己好像又做回了职业网球选手一样，只要不打球业绩就往下掉！对照他最初见我时那副愁眉苦脸的样子，再看他现在"大彻大悟"的状态，这中间的差距真不只是一点半点的大，我都禁不住要笑出声来。

"特别之处"的伟大你看出来了吗？就好像这个曾经的职业网球选手一样，他能从"讨厌销售"变成"享受销售"，这就是"特别之处"的力量。"特别之处"的效果不仅会影响客户，还会影响销售员本人。

"11" 与其强行改善自己的弱点，还不如磨炼自己的"特别之处"

到目前为止，我已经见过很多销售员，并认真听过他们的很多故事。在这些有趣或无趣的故事里，认真的销售员几乎都会做的一件事情是想尽一切办法来提升自己的弱项。也就是说，他们都希望通过自己的努力"补短板"，从而提升销售能力。

有人说："我一见到客户就紧张，话都说不好。"为了克服这个缺点，他们就拼命地在人前表现。另一些人说："有好多次，我在做完产品说明的同时与客户的关系也结束了，没有下文。"于是他们就把聊天作为一项技术来学习。那些在工作之后还挤出时间参

第二章
顶级销售员向客户展现自己的"特别之处"

加话术培训的人比比皆是,但你有没有想过这样做的结果是什么?无非是所有参加培训的人说出来的话都千篇一律,表达完全没有自己的个性,这是一件很可惜的事情。

为解决问题而做出努力是应该的也是很重要的。但在这里我要告诉你,**只要能够发现"特别之处",就不需要强行去"补短板"。**

有一个高中时代就在甲子园[⊖]出过场的 K 先生,由于各种原因没能实现成为职业棒球选手的梦想就去找了一份普通的工作,后来因为自己在职场上表现不佳总是被前辈批评,一年不到就辞职了。他高中的棒球教练因欣赏他的棒球天赋而关注他的职业发展,所以带他来找我,不仅让我给他介绍一份销售的工作,还让我教给他本书所介绍的运用"特别之处"的销售方法。在我的启发下,他开始运用棒球这个"特别之处"来与人相识相交,很快就收获了超过自己

⊖ 甲子园:指阪神甲子园棒球场,是位于日本兵库县西宫市甲子园町的著名球场,一般简称为"甲子园球场"或"甲子园",与东京的明治神宫野球场并称为"日本野球圣地"。

预期的好成绩：高中时代棒球队的后辈们全部跟他签了合同，一下子就把他的业绩推到了全日本"行业前十"。即使这样，有一天我突然发现他居然不懂复利。他问："辻盛先生，一年只有2%，为什么20年后就能变成48%呢？""如果是1.1%的话，无论过多久金额都是一样的吗？"说实话，他的这些问题让我大跌眼镜，简直是到了无语的地步：一个在金融界工作的人，居然不知道复利的原理！

"你卖了那么多保险，客户都没有问过你这些问题吗？也是我大意，如果早一点跟你确认就好了……"我在表达后悔的同时，也向K先生说明，就算有这样的弱点，只要能发挥自己的"特别之处"，就仍然能够做出好成绩，因为那些向他下单的客户是冲着他这个人去的，而不是冲着他售卖的产品去的。K先生的经历让我再一次感受到了"特别之处"的力量。

第二章
顶级销售员向客户展现自己的"特别之处"

"12" 绝不能把自己厌恶之事当成"特别之处"加以磨炼

在我的研修班里经常有学员问:"是不是要用对方喜欢的事情作为话题就可以了呢?"

我告诉学员,如果客户喜欢的事情也正好是你喜欢的事情,并且可以让你增长见识的话,那样做当然是没问题的。但是,如果你只是冲着"提升销售额"而去的,与自己兴趣不合的事情就千万不要强行去做。因为哪怕表面上看不出任何纰漏,你的厌恶之情或你力不从心的状态都会在不经意的细节中流露出来,让对方产生这样的想法:"原来你这么迎合我只是为了让我买东西啊!"对方继而会更加反感和厌恶

你，然后越来越远离你。

有一个对高尔夫球完全没兴趣的先生，为了提升销售业绩而频繁地出入高尔夫球场。由于打高尔夫不是他的兴趣所在，所以他经常记不住这项活动的礼仪和规矩，而且，他内心深处根本就没有想要把球打得更好的愿望，所以在打球的时候就感受不到快乐，常常是不仅自己备受煎熬，还把客户惹生气了。打高尔夫球本来是一件非常愉快的事情，但这位先生一去气氛就变得怪异起来，甚至还发生过这样的事：高尔夫球落下时在草地上砸出的小坑要用专门的修草叉去复原，这是高尔夫的规矩，但这位先生记不住这个规矩，他总是放着自己砸出来的小坑不管不问继续打球，这让作为他生意对象的某社长非常难受，最后社长忍无可忍地爆发了出来，在球场上就说要跟他解约。

在我们棒球队的练习场上，曾经也有一位先生来访并提出要求："我想和辻盛先生谈谈。"我很吃惊地看到，他居然在对选手来说十分神圣的场地上随意吐痰！就是这一眼我就断定："我不可能跟这个人成

第二章
顶级销售员向客户展现自己的"特别之处"

为朋友。"

不管是那位假装喜欢高尔夫的先生，还是这位在棒球场上吐痰的来访者，他们的经历都告诉我，**一个人就算拼尽全力去假装"喜欢"某事，迟早都会被自己不经意的表现"出卖"而露馅**。所以对于真心喜欢那件事的人来说，你露出来的破绽会让他加倍反感。因此，我建议学员只拿自己喜欢的事情和客户聊就可以了。如果不是自己喜欢的事情，就老老实实地告诉对方自己对这件事并不是十分了解，同时去找其他的共通点。

我在前言中介绍的那位喜欢外出就餐的女性销售员，她就没有因为客户的喜好去违心地迎合对方，而是通过表达自己真实的意见来提升业绩。她喜欢在餐馆或是居酒屋喝酒吃饭，还梦想着业绩提升以后可以去更多地方喝酒吃饭。正当她忍耐着度过没有业绩的日子时，我介绍她认识了一个首饰公司的社长。这位社长想通过年轻女性的反馈来收集用户意见，于是邀请她和她的朋友去聊聊她们对首饰的看法。这帮年轻女孩应邀而去，并真挚地分享自己对首饰的理解，完全不谈自己的销售工作，这让社长非常开心，所以请她们吃了一顿饭。

饭后社长问她："话说回来，你是做什么工作的？"

她说："我是保险业务员。"说完之后她想起我说过的话，就又补了一句："我的工作以后有机会再说吧，我们今天是来聊首饰的。"

社长说："那就等下次一起吃饭时，再顺便谈谈你的工作吧。"

就这样她获得了下次见面的预约，并在那次约见时签订了保险合同。这还不算，更重要的是在此之后，这位社长接二连三地介绍了很多想听年轻女性意见的企业给她。这位小姐的经历告诉我们，她如果为了签合同而违心地迎合社长喜好来"表现"的话，就不会有后来的好事发生了！社长是因为判断出她是可以信任的人才介绍生意给她的。

要活用"特别之处"，首先要成为值得信任的人。**把迎合对方的喜好当成自己的"特别之处"，本质上来讲是在欺骗对方，这是销售员一定要杜绝的事情。**

"13" 正因为是渠道销售，才更需要选择客户

在我的研修班里常常有人说："我是做渠道销售的，所以没办法跟那些与自己同感的人做生意。"

所谓渠道销售，简言之就是在别人已经开发和选择好的销售通路中接力，承担开辟这条销售通路的人转移过来的工作任务的销售。表面上看起来，这份工作不需要自己去开疆拓土，貌似循规蹈矩去做事就可以了。但实际上没这么轻松，因为它常常需要销售员和那些他不喜欢的客户打交道。虽然我们只要求"主要交易对象"跟自己的"特别之处"相吻合就

好，但在实际操作过程中，"主要交易对象与自己的'特别之处'相吻合"这件事情本来就是可遇而不可求的。

既然如此，我为什么还会说"即使是渠道销售，我们也能和那些与自己的'特别之处'产生同感的人做生意"呢？因为我以前在银行工作的时候，做的就是公司已经决定好销售路线的渠道销售，我的亲身经历告诉我：可以！**重要的是，改变你的思考方式。**

假如有一个销售对象完全看不出你"特别之处"的价值，无论你怎么主动、怎么真诚，抛出话题之后他都会轻描淡写地搪塞，或者说"你之前那个经办人，明显比你更体谅客户""前面的经办人会给我们更多优惠"之类的话。他们心不在焉地搪塞，或者斤斤计较地拿你跟别人做比较，就是不肯用真挚的情感来对待你。这对一个来接替别人工作的销售员来讲，想必是有一定压力的吧！工作热情上不去，销售业绩就没办法提升。这种时候我们就需要换一种方式来思

第二章
顶级销售员向客户展现自己的"特别之处"

考销售这件事：假设前任经办人在这家公司的月销售额为500万日元。如果你的业绩压力是必须维持原有销售额的话，就算这500万日元变成50万日元，不足的450万日元仍然可以想办法从那些与你的价值观相吻合的别的交易对象那里赚回来。如果能做到这一点，你的业绩不但不会下降，还有可能进一步提升。

事实上，在交易对象那里使用自己的"特别之处"并取得成果的渠道销售员比比皆是。

S先生是塑料制品公司的销售员，因前任经办人的大客户看不中他，所以自从他接替了这个工作之后业绩就不断下降。但他在参加我的研修班时忽然开窍，把作为自己"特别之处"的唱歌优势运用了起来。他在交易对象公司的新员工欢迎会以及公司年会上一展歌喉，炒热了会场气氛，该公司领导和员工都对他的歌唱水平赞赏有加，对方社长还经常叫上他一起去参加二次会和三次会。自然而然，他从对方公司那里拿到了很多订单。这种情况下，他就算失去前任经办人的大客户也无关痛痒了，因为他在前任的大客户之外取得了更好的成绩。渠道销售员追求的是自己所经办通路的销售总额。也就是说，无论和什么公司做生意都可以，不只是大客户。

有些时候，失去一些无法与你"同频共振"的客户是无可奈何的事情。重要的是你是否相信除了他们之外，一定还有人能与你的"特别之处"产生同感并成为你主要的交易对象。当然了，这是很需要勇气的决定，因为一旦这样做，就意味着你真的要失去那些虽然跟你没有同感但是"现成的"交易对象，以及看起来唾手可得的销售额。

我们需要明白的一件事情是，把一切都寄托于一家无法顺畅沟通的公司本来就是极其危险的。在一定程度上拥有多个喜欢你的客户才更靠谱，你也才会更有安全感。

渠道销售的销售员有一个自带的优势是，你不用去开辟新客户，只需要与前任经办人的老客户去商谈就可以了，这能节省好多时间。如果销售员能通过活用自己的"特别之处"找到与自己同感的客户，再结合渠道销售自带的"节省时间"这个优势，大概率是能抄近路走向成功的。所以我认为，正因为是渠道销售，才需要更早、更有效率地使用你的"特别之处"，这样才能拿出更好的业绩。

第三章

六阶销售

销售的六个阶段

"销售有六个阶段,调整思路逐级上升,就能成为顶级销售员。"

"1" 了解自己所处的"销售层级"很重要

想要提高销售能力的话，准确地**了解自己所处的"销售层级"**和找出"特别之处"一样重要。

表面上看，销售不过是让客户买东西的简单工作而已，但实际上，不同阶段的销售员采用的销售方式是有所不同的。为了能最大限度地使用"特别之处"，销售员必须知道自己究竟处于销售的哪一个阶段，正在使用什么方法。以我的实操经历来讲，我认为销售有以下六个阶段。

- **阶段 1（销售一阶）**：越努力做销售就越讨厌销售工作（蛮力型销售阶段）。

- **阶段 2（销售二阶）**：靠客户数量取胜（行动力型销售阶段）。

- **阶段 3（销售三阶）**：不计成本地为客户做事（舍得型销售阶段）。

- **阶段 4（销售四阶）**：不求客户的对等回报（顾问型销售阶段）。

- **阶段 5（销售五阶）**：拥有一众爱屋及乌的支持者（粉丝型销售阶段）。

- **阶段 6（销售六阶）**：客户眼里神一样的存在（领袖魅力型销售阶段）。

这个"销售六阶段"的划分是我从近20年的从业经验中总结出来的。我把我自己以及我所观察的6000名销售员的经历进行梳理分析后得出结论：一个销售员从生涩到成熟会经历从销售一阶（蛮力型销售阶段）到销售六阶（领袖魅力型销售阶段）

层层进阶,所有销售员都一定会处于这六个阶段中的某一个位置,即每一个销售员都有自己的"销售层级"。

当然,"销售层级"不是非此即彼或不可逆的。有些时候人可以同时拥有销售一阶和销售二阶的特质,即同时具备处于这两个阶段的状态,甚至有些人明明已经到了销售三阶,却又反过来用销售二阶的方法进行销售。尽管情况各有不同,但基本上都会遵循从低级到高级的发展轨迹,即从一阶开始努力,累积一定业绩后进入销售二阶,学会服务后进化到销售三阶、销售四阶,有一定数量的稳定客户后就达到了销售五阶和销售六阶的高度。

现在停下来想一想:你目前处于哪一个销售层级?有什么样的销售目标呢?

半数以上的销售员都会在最初的"菜鸟"阶段驻足不前。现在我们分别来说明"六阶销售"具体是怎么回事。

六阶销售

如果想活用"特别之处"并轻松愉快地拿出成绩,请记住以下的"阶段"或"等级"。

一、"菜鸟"阶段

把自己作为提升销售额的代价而牺牲掉的阶段(包含六阶销售的前三个阶段)。"菜鸟"阶段属于穷忙等级。

销售一阶:蛮力型销售阶段

特征:莽撞型业务员,强行推销自己想卖或不得不卖的产品。

问题点:越是努力做销售,就越是被客户讨厌,进而自己也越来越讨厌销售工作。

销售二阶:行动力型销售阶段

特征:行动派业务员,和大量客户见面,试图以此来提升业绩。

问题点:浪费了很多时间,并且会积累下很多压力。

销售三阶:舍得型销售阶段

特征:付出型业务员,通过为客户做事来提高业绩。

问题点:虽说会被客户喜欢且压力变小,但仍然会相当忙碌。

二、"高手"阶段

时间上拥有自由,活用"特别之处"并且乐在其中,是取得更多成绩的阶段(包含六阶销售的后三个阶段)。"高手"阶段属于高价值等级。

销售四阶:顾问型销售阶段

特征:顾问型业务员,不求回报地满足客户的需求。

问题点:没有。就算不主动推销产品也会有越来越多的客户。

销售五阶:粉丝型销售阶段

特征:圈粉型业务员,深得客户信任,客户会无条件购买产品。

问题点:需要得到客户完全的信任。

销售六阶:领袖魅力型销售阶段

特征:大神级业务员,客户成为你的"信徒",就算你什么都不做他们也会支持你。

问题点:没有。但不是想成为这样就能成为这样的。

"2" 销售一阶（蛮力型销售阶段）：
越努力做销售就越讨厌销售工作

那些强行推销自己想卖或不得不卖的产品的行为，就是蛮力型销售。一阶销售员即使口中不说，心里仍然只想着让客户买东西，从而给对方造成了"付钱"的心理压力。也许你认为自己从来没有这样进行过销售，但是实际上有半数以上的销售员在起步阶段都用过蛮力型销售的办法，因为他们之中的大部分人在去销售一线之前，接受的培训基本上都只是产品知识之类的东西，所以会误以为"销售就是把产品卖出去"，从而成为蛮力型销售。其结果是，越努力销售就越被客户讨厌，然后自己讨厌自己，进而讨厌这份工作，甚至有不少人考虑辞职，这些都是这个阶段销售员的特点。

"3" 销售二阶（行动力型销售阶段）：靠客户数量取胜

持续不断地行动，和大量客户见面，试图以此来提升业绩的行为，就是二阶销售员的特征。一阶销售员常常被人讨厌，能够去见的客户也非常少。但到销售二阶就不同了，他们掌握了一些对特定客户有效的销售方法，能够签下一些合同，所以就毫无分别地去见大量客户，以为只要增加"与客户见面的次数"就能使业绩提升。这种人属于哪怕是牺牲自尊，也会用"是为了工作"来自我安慰的类型。有30%的销售员处于这个阶段。

"4" 销售三阶（舍得型销售阶段）：
不计成本地为客户做事

二阶销售员总是在寻找新客户，他们时常被"该去找下一个客户了"的想法催逼着不停地行动，像挨了重鞭的陀螺一样停不下来。不堪重负之下，他们就不断地学习、进步，想方设法打破现状，让自己上升到销售三阶。由于自己处于销售二阶时每天都要与大量客户打交道，过程中发现了"解决客户的烦恼和困难"与"签下合同"之间的因果关系，所以就产生了一个想法：要让客户满意，就得先想办法解决他的问题。这个想法就是销售三阶（舍得型销售阶段）的销售方式。三阶销售员大约占全体销售员人数的15%。也就是说，总共有95%的销售员位于销售一阶、二阶和三阶这三个基础销售层级。

"5" 销售四阶（顾问型销售阶段）：
不求客户的对等回报

四阶销售员一般会延续自己在销售三阶时的做法，即使不销售产品也会时刻惦记着"能为客户做点什么"这件事。成为顾问型销售员的人，几乎不会有主动去卖东西的动作了，他只是不求回报地与客户进行各种各样的商谈，解决客户的问题和烦恼。这么做的结果就是使自己得到了周围人的信任，销售额自然就上升了。这就是顾问型销售的特点。这个阶段的销售员约占全体销售员的 3%。

第三章
六阶销售

"6" 销售五阶（粉丝型销售阶段）：
拥有一众爱屋及乌的支持者

能够达到销售五阶和六阶的销售员分别占全体销售员的 1% 左右。五阶销售员对普通人来讲是偶像一样的存在。作为偶像一类的人物，你只要在 Instagram 之类的平台上发布"喜欢用的产品"，就会有粉丝争着去购买；你要是想劝别人买什么产品的话，他们肯定相信你推荐的都是好东西，也会毫不迟疑地下单。这就是销售五阶的特点。要达到这个阶段是非常困难的，因为销售员和客户之间要构筑起坚不可摧的信任感，不但需要时间的沉淀，还需要机遇的加持。

"7" 销售六阶（领袖魅力型销售阶段）：
客户眼里神一样的存在

销售六阶和五阶的销售方式几乎是一样的，只是支持者的类型不一样。销售五阶所说的粉丝，对于销售六阶来说就是"信徒"。对"信徒"而言，六阶销售员就是神一样的存在，他们会无条件地支持你。例如，矢泽永吉和长渕刚就可以算得上是"领袖魅力型"的人物，他们几乎从不上杂志或广告，也不经常开演唱会，但只要一出新歌，周边及各类产品就会立马大卖，不需要花很多精力去做活动就能得到粉丝的全力支持，这就是领袖魅力型销售的特点。

领袖魅力型销售员是"稀有物种"，不是普通人想当就能够当上的。这不仅需要像五阶销售员一样与客户建立牢不可破的信任关系，还需要对产品有热情、对工作有态度，有特别的个性魅力，能够强烈地吸引大众等特质。

作为一个销售员，如果能像爬楼梯一样，在以上六个销售阶段层层进阶的话，就更能够体会到销售工作的乐趣了。

所以，我们首先要了解自己所处的销售段位，并且以自己的上位阶段作为近期的努力目标。比如说你现在处于二阶，那么就可以把三阶作为自己的近期目标来努力。请认真评估自己现在所处的"段位"并逐级上升，好好享受销售这份工作。

"8" 大多数销售员都应以销售四阶作为自己的发展目标

几乎所有的销售员都要从销售一阶（蛮力型销售阶段）起步，但是终点不一定是销售六阶（领袖魅力型销售阶段）。现在请你思考一下：作为销售员，你目前的目标是什么？因为目标不同，你最终能走到的终点也会不同。

我认为每一个销售员都应该根据自己想要的生活方式来决定想要到达的终点。当我问研修班里的学员"现在有什么目标"时，很多人回答"想挣1000万日元"。如果懂得使用"特别之处"的话，就算是处于销售一阶的人，不要说1000万日元，就是几千万日元或是上亿日元的销售目标也是有可能达成的。但你需要明白的是,哪怕你能挣钱,只要你是处于销售一阶到三阶,你为了挣钱而做出的牺牲会相当巨大。

例如,蛮力型销售员为了能卖东西就要说服客户改变原有的购买意愿,这就使得他们必须对着大量客户不停地做说明,被拒绝的次数也会跟着增多,结果就是越努力工作就越感到身心俱疲;行动力型销售员要通过增加客户数量来提升业绩,所以会变得非常忙乱,连私人生活的时间都被占用了;舍得型销售员希望把自己从"必须找到新客户"的压力中解放出来,但是"舍"的部分就是为了提高业绩,"能为客户做的事"占用了其大量时间。但顾问型销售员就不一样了,他们能够从"努力卖东西"的辛苦中解脱出来。说极端一点,哪怕你穿着破夹克,骑个小破摩托,只要能成为顾问型销售员,你就能卖出你想卖的东西。顾问型销售员能够在做自己"喜欢之事"的同时,不断地解决客户的问题,并能获得高额回报,"正在工作"的紧张感会渐渐消失,自由支配的时间也会大幅增加。所以我认为，所有的销售员都应该以顾问型销售员作为最终的发展目标。

等你把销售做到极致**成为顾问型销售员时，你就能对他人做出贡献，也能实现财富自由，继而完成自我实现**。我认为这是对销售工作醍醐灌顶式的理解，我希望大家都能成为顾问型销售员。但你也要清楚地知道，达到这种"段位"的前提是你需要大幅提升自己的顾问能力，即你既要有为客户着想的心态，还要有不断增强的为客户做事的能力，这样你能为客户做的事情才会不断增加。

顺便提醒一下，这里所说的"顾问能力"是指你把"特别之处"发挥到极限，能够成为他人助力的能力，并不是指"让企业发展"的能力，不要混淆了。

销售三阶与销售四阶的对比

舍得型销售阶段

……拼命找出能为客户做的事情,并且成为客户的助力。

➡ 需要大量的时间和精力。

顾问型销售阶段

……从客户的角度思考,解决客户的烦恼和问题。

➡ 你只要在客户需要的时候卖东西就好。

由此我得出一个观点:全部销售员都应该以顾问型销售员为目标。

"9" 不同层级的销售员要使用不同的晋级方法

"只要为客户做事情,销售额就会自然而然地上升。"你有没有从上司和前辈那里或者在销售的培训中听到过这样的说法?为客户做事情会让销售额上升是真的,但它有一个前提条件是,你没有搞清楚自己所处的销售层级。假如对三阶和四阶销售员,我会说:"是,不断去寻找你能为客户做的事情。"但如果一阶销售员也这么做的话,得到的结果可能会与你的愿望背道而驰。即使你真心诚意地想为客户做点什么,就算问"有没有我能做的事",也可能会马上被客户怼回来:"没有,以后别再来了。"

第三章
六阶销售

　　为什么做同样的事情会让客户有截然不同的反应呢？因为两者和客户之间的信任程度完全不同。

　　我经常打这样的比方：想象一下你遇到一位很有魅力的异性，初次见面你就问："你想要什么，我送你！"想想对方会有什么样的反应？你会不会以为对方会高兴地收下礼物并且喜欢上你？恐怕大部分人都会觉得你是个莫名其妙的人，从而把你拒之千里吧！但如果换一种场景，假设你跟对方已见过好几次面，并且还一起吃过好几次饭，这时候你说出送礼物的提议，对方接受的可能性是不是就大多了？

　　销售也是一样的。想要"为客户做事情"，首先要让客户感受到"你是在为他做事情"才行。如果对方不认可的话，你无论做多少事情都是没有意义的。

　　你所处的销售层级不同，你为客户做事情的性质也不同。从第四章之后我会以"每个阶段必做之事的特征"为题来展开论述，而现在，请你确认自己处于哪个阶段，并以相应的行动付诸实践吧。

第四章

提升业绩的必经之路一

搞清楚被半数以上销售员误解的销售本质

本章讨论销售一阶（蛮力型销售阶段）：

- ▶ 该阶段销售员的思维方式和行为特征
- ▶ 错误的销售案例
- ▶ 如何改变思维和行为方式才能让自己晋级到更高的销售层级

"1" 一阶销售员的思维方式和行为特征

到目前为止，无论什么类型的销售员在使用我倡导的"特别之处"之后都能愉快地收到成效。这些都是发生在我眼皮底下的真人真事。因此无论你现在处于哪一个销售层级，"特别之处"都会成为你进阶的强大助力。我们在前面讲过，在六个销售阶段里，有大约95%的销售员处于"销售一阶到三阶"。如果你想知道自己是否属于他们这个"段位"的话，可以使用"销售阶段测试列表"来进行测试。

（注：有一部分销售员即使注意到自己处于一阶

第四章
提升业绩的必经之路一

或二阶,也有可能因不想面对而加以否认。在这里我想提醒读者,如果想要脱离自己目前所处的销售层级向上跃升的话,你必须面对自己的真实情况并理性地提醒自己应该做什么,因为如何活用"特别之处",不同阶段的使用方法完全不同,掌握正确的方法才能让你的"特别之处"发挥作用。)

接下来,我将结合具体的案例以及"特别之处"的使用方法来对销售阶段测试列表进行详细说明。请你有意识地一边阅读一边思考:我要怎么做才能通过改变自己的思维和行为方式来提升自己所处的销售层级(段位)呢?

销售阶段测试列表

后面的 30 个问题中,你觉得有的就打钩,这样你马上就能知道自己所处的销售层级了。

我们说过,有大约 95% 的销售员位于销售一阶到三阶的"低段位"。他们都是先找到自己在这三个阶段的准确位置,从这里起步前行,将达到销售四阶作为自己努力的目标,然后再向最高等级的五阶和六阶冲刺的。

销售高手 成交技巧

一阶销售员（蛮力型销售员）的特征

☐ 很难找到与客户沟通的机会，客户会刻意躲避不予见面。

☐ 感觉销售工作没意思，很难受。

☐ 口头禅是"今天也没地方可以去"。

☐ 在咖啡馆、按摩店或电影院待很长时间。

☐ 对于推销产品这件事情怀有罪恶感。

☐ 认为会掏钱购买产品的人才是客户。

☐ 客户勉为其难地跟你签合同或者购买产品。

☐ 认为自己是"没用的销售员"。

☐ 周日的傍晚总是很忧郁。

☐ 越努力工作，客户变得越少。

二阶销售员（行动力型销售员）的特征

☐ 口头禅是"我好忙"！

☐ 经常被家人问"工作和家庭哪个更重要"。

☐ 什么都不做的时候会感到恐惧。

☐ 对记事簿上满满当当的安排感到自豪。

☐ 休息日也在工作。

☐ 非常在意手机、邮件和 LINE 之类的社交工具。

☐ 就算和朋友相约，只要有工作机会，就会自动切换成工作优先的模式。

☐ 和好朋友有一年以上没见面了。

- ☐ 被孩子说"好久不见"。
- ☐ 在公司被称作"精英"。

三阶销售员（舍得型销售员）的特征

- ☐ 看到客户开心的时候自己也很高兴。
- ☐ 和别人在一起的时候总是会联想起工作的事情。
- ☐ 在一定程度上挣到了一些钱。
- ☐ 对后辈经常说"销售的根本就是付出"。
- ☐ 无论什么话题都能扯到"这个能做成一笔生意"。
- ☐ 经常出席商业交流会。
- ☐ 努力结识名人。
- ☐ 经常要求家人"我在辛苦赚钱，所以××事交给你们做"。
- ☐ 收到跳槽的邀请。
- ☐ 非常重视家庭，却很少感谢家人。

销售阶段测试列表的使用方法

- ☐ 0～3个钩，有当前阶段的特征。
- ☐ 4～6个钩，很可能处于当前阶段。
- ☐ 7个钩以上，你就是处于当前阶段。

相信你们当中既有全部钩都集中在同一阶段，即集中具备一个阶段特征的人，也有在两个阶段中各有2～6个钩，也就是同时具备两个阶段特征的人。

集中具备一个阶段特征的人

只要全部钩都集中在一个阶段,即使你只有3个钩甚至更少,你处于该销售阶段的可能性也非常高。也就是说,在这种情况下,要沿着"发现'特别之处'→学会使用方法→跃升至下一个阶段"的路径前进也相对困难,你还会在目前的阶段中艰难跋涉相当长的一段时间。

横跨两个阶段的人

以我的经验来看,一个销售员如果在两个相邻的阶段都有"钩",就说明他同时具备这两个相邻阶段的特征(同时具备两个不相邻阶段特征的销售员是不存在的),是横跨两个阶段的人。如果你也是这种情况的话,请直接尝试进入更高的一个阶段。比如你在销售一阶和销售二阶都有"钩",那么你可直接向销售三阶前进。

总之,准确知道自己所处的阶段后,你就可以决定下一步要往哪里走,也就能有意识地去做该做的事情了。以下一个阶段为目标行动起来吧。

第四章
提升业绩的必经之路一

2. "蛮力型销售"和恐吓抢钱简直没有区别

几乎所有的销售员都是从销售一阶（蛮力型销售阶段）起步的。所谓"蛮力型销售"，就是那种类似于强行让客户购买的行为。实际上有半数以上的销售员对自己属于"蛮力型销售"这件事情是没有自知力的，之所以这样，是因为他们在内心深处仍然坚定地认为，销售工作就是"让客户掏钱购买"，在实际操作过程中也带着这样的意识去跟客户沟通。他们不考虑自己销售的产品有什么优点，对客户有什么用处，而是一边推销产品一边忍受着罪恶感的折磨而陷入困境。这一类型的销售员实在是多得数不胜数。

说到蛮力型销售的代表,既有像推销报纸时送礼品让客户签约的方法,也有像派发化妆品样品、样车等让客户试用、试乘,然后再让客户购买的方法。除此之外,像"现在下单8折""可以给你算便宜一些"这种以降价来刺激客户购买欲的方法,这也算得上是蛮力型销售。

也许有人会这么想:"无论用什么方法,客户最后会购买就说明他是真的想买,这不算是蛮力型销售吧。"在这里我想说明的是,蛮力型销售最大的问题是不去确认客户的真正需求,即不关心客户的购买行为到底是因为其需求而发生的,还是因为销售员通过各种手段去挑动其购买欲而发生的。举个例子来说,就好比你对一个需要经常从家里往公司搬运货物的人推销高级跑车一样,虽然跑车的性能确实不错,速度快、座椅高级、驾乘感也很好,但是对于经常搬运东西的人来讲,有的是比跑车更合适的推荐。这就是没有考虑客户的需求。

除此之外,蛮力型销售还有一个问题,就是"给客户造成压力感"。或许有人觉得我是危言耸听,但我仍然认为**蛮力型销售和恐吓抢钱简直没有区别，是两败俱伤的事**。对客户来讲，你让他为自己不需要的东西掏钱，跟你对他说"我现在没钱，给我一万日元"一样，都是强行要求客户掏钱给你。对销售员来讲，因为缠着客户强行推销产品，即使交易成功了也不会有成就感，结果就是你越做销售越讨厌销售工作。

赶快从两败俱伤的销售一阶（蛮力型销售阶段）中出来吧。

"昨天你和多少人见面了"

我经常在研修班里提问:"昨天你和多少人见面了?"

几乎所有人会回答"两个人"或是"三个人"。

我继续问:"昨天你和家人见面了吗?和朋友见面了吗?在公司和同事见面了吗?"

好多人都会急忙回答:"我见到他们了。"

我又接着问:"那你为什么说只见了两(三)个人呢?"

他们回答:"你问的是昨天见了面的人,我还以为你说的是客户呢……"

在一阶销售员眼里,就算家人、朋友和客户同样是"人",他们也会无意识地进行区分,这是他们思考方式最大的特征。也就是说,他们认为客户是"买东西的人",与一起度过重要时间的"家人和朋友"是两种完全不同的存在。很多销售员在记事簿上写着"预约客户名单"和"预约时间",一旦商谈失败就打×擦掉,这跟那些认为"只有购买产品的人才是客户"的人一样,交易失败就在心里给对方"画×"。直白点说,在蛮力型销售员的心里,客户不过是用来"提升销售额的工具"而已。这种观念是害人害己的,如果不做改变的话,要提升销售业绩是一件非常困难的事情。因为这种想法一旦产生,它就会"无孔不入"地侵蚀你,然后由你不经意的某句话或某个动作传递给对方,从而让对方引起戒备:"你是不是想强行推销产品给我?"对你避而远之。

  仅仅是改变观念就能够改变对待客户的态度和方法,从而提升自己的销售层级。所以我建议,所有一阶销售员现在就开始改变,用更积极的方式去与客户互动。

"4" 摆脱蛮力型销售的途径一：
不把工作记事簿和私人记事簿分开

改变对待"客户"的方式，最简单的办法就是"把客户当成重要的朋友"。如果把客户当成好朋友的话，你就不会向他们推销他们不想要的东西了，就算是必需品，你也不会以"这个月的销售额不够"为理由去"绑架"他们购买。想要自然而然地把客户当成朋友，一个小技巧就是，不把工作记事簿和私人记事簿分开：把客户和朋友，最好是连你和家人的计划都写在同一个计划表上。因为我认为，能够重视家人、朋友并且为之着想的人，应该也能够用同样温暖的态度来对待其他人。

第四章
提升业绩的必经之路一

27岁的N先生是刚跳槽到我们公司的新员工，有客户给他打来电话说："我×月×日傍晚×点可以跟你见面。"N先生边听边查看自己的记事簿，然后回答："那个时间段我不过是安排了和家人吃饭而已，请放心，我会取消陪家人吃饭的计划按时去您那拜访。"随后获得了预约。

看到N先生这样处理事情，我毫不客气地对他说："N先生，你这样做的话，销售业绩是不会持续上升的。"

"为什么啊，辻盛先生，和私事比起来，难道不是工作更重要吗？！"N先生惊讶地问。

估计大多数销售员都认为N先生做得没错吧，他们认为只有工作优先才会让客户再次选择。但是你仔细想一下，这个举动是不是"为了生意而随意更改事先定下的约定"？或者往重了说，它是不是跟"为了钱而六亲不认"类似？站在客户的角度，他也许会在短时间里觉得"自己受到了重视"，但你"为了销售额才行动"的动机也同时会被他察觉，他继而会想，"在这个销售员的心里，肯定是买了东西后我就没有利用的价值了"。所以,如果是我的话,遇到这种情况我会说:"因为我和家人有约在先,如果您方便的话能不能改期呢?"

我的观点是,无论什么身份的人都应该优先考虑先定下的约定,不能因为利益驱动而随意毁约。如果客户确实不能改期,说"无论如何都必须是那天,不然计划就乱套了",你再向先约定时间的人讲明原因,以他的意见为准来确定是否调整时间。

私人和工作的事情记在一个记事簿上,无论对方是谁,都要以先定下的约定为优先,这么做就可以让"客户=金钱"的思维一点点地改变。

第四章
提升业绩的必经之路一

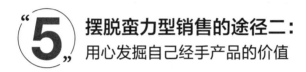 **摆脱蛮力型销售的途径二：**
用心发掘自己经手产品的价值

"你认为销售额上不去的原因是什么？"如果这么问一阶销售员的话，很多人会归咎于产品。

"跟其他公司比起来，我们的产品不太行。"

"现在这种机型没有人气啊。"

我说："那要是明天我把产品卖出去了，你愿意给我 100 万日元罚金吗？"所有人都无言以对。

一阶销售员不仅会把客户当成"提高销售额的工具"，而且只把自己手里的产品当成"挣钱的手段"，他们绝对不会认为"因为是产品好，所以想要卖给需要的人"。如果你真心把客户当成朋友看待的话，不

是好产品也不会劝他购买的吧？那么，为了能让客户买到好产品，你是不是一定要改变自己售卖的产品或者更换公司呢？

当然不需要这么做。

我认为这个世界上的产品，但凡有价格并被售卖的，就没有一样不是"好产品"。每一粒米是农夫花时间栽培、收割、脱壳，最后才能变成可以烹饪的状态卖到我们手里的；笔记本的每一页纸、衣服上的每一寸布……这些东西无论缺了什么都会让人感到生活不便。当然，我只是用它们来举例而已，街头巷尾的产品，每一件都是有价值的"好东西"，每一件都有自己的特征和功用，问题在于销售这些东西的人能否察觉出它们的价值和独特性。

但凡自己经手的产品，你至少要有从头到尾地认真研究并确认一遍的流程。经过这道流程之后，你一定会发现它至少有一个闪光点——这一点不输给任何其他产品！

回想起我最初在银行工作的状态，其实就是蛮力型销售的状态。那时候我去谈融资就被客户以"不

第四章
提升业绩的必经之路一

需要"的理由拒绝过好多次，本来预定一小时的洽谈，常常是在10分钟的尴尬聊天之后就草草结束了。我无法消解这种遗憾，所以就常常去咖啡馆坐着发愣。坐着坐着，有一天我突然意识到，"这样下去可不行"，于是就对自己经手的融资产品进行全面的调查和分析，最后发现"中小型企业的社长才需要它"。然后我鼓起信心顺着这个思路与客户进行有效接触，签约数很快就直线上升，一度升到了当时的行业第一。

找到产品的优点并就此做针对性的说明，销售额很快就会上升。但是，如果你的销售层级没有跃升的话，销售方法还是蛮力型销售，那顶多也就是个"超级蛮力型销售员"罢了。

你会不会认为，"只要能把产品卖出去，就算是超级蛮力型销售员也没有关系"。

你这样认为固然有你的理由，但你必须明白的是，无论产品多好，蛮力型销售说到底仍然只是通过说服客户使其购买的初级方法。你每次热情高涨地做说明都需要付出大量的时间和精力，能被说服的客户

数量也相当有限,而且客户购买的理由也只是单纯"很喜欢这个东西"或者"价格很实惠"之类。这样下去的潜在危机是,只要有其他"更好、更便宜的产品"出现,客户的兴趣随时会发生转移,你也会随时变成没有固定客户群的"光杆司令"。因此我要说,只要还处在销售一阶,你的销售额无论有多高,都会面临"不停地寻找新客户"的难题。

摆脱蛮力型销售的途径三：
准确地向客户传达"产品的特别之处"

从销售一阶进阶到二阶有一件必须做的事情，就是重新审视产品的价值，把自己经手的产品或服务的特征展现给客户，使其在认知上与你产生共鸣。也就是说，你要考虑的是**你所介绍的产品或服务的特征（即"特别之处"），能不能转化成客户眼里的"特别之处"**。

阻碍客户购买的"四个不"在第二章已经介绍过了。

（1）不信任（没办法相信）。

（2）不需要（没有需求驱动）。

（3）不适合（产品与自己没有适配性）。

（4）不着急（目前不需要）。

其中，能去除最大障碍（不信任）且让客户信任你的，是**你的"特别之处"**。但要去除后面的三个障碍（不需要、不适合、不着急），靠的则是产品或服务的特征，也就是**产品的"特别之处"**。就算只是一根铅笔，它的特征也是可以转化成客户眼里的"特别之处"的。

带橡皮的铅笔的特征——对客户来说的"特别之处"：

- ▶ 笔芯周围有木材包裹——随时都能削，可以保持笔尖适合书写。
- ▶ 带橡皮——写错的时候马上就可以擦拭修改，而且橡皮用金属箍固定，不会突然掉下来找不到。
- ▶ 铅笔外侧涂有黄颜色——放在桌子上马上就能注意到。

就像这样从很多的"特别之处"中，找出对于客户来说最需要的特征，才能说服客户购买。

下面举例说明。

第四章
提升业绩的必经之路一

Y先生是一名保险业务员,因为喜欢玩网游且水平高而被网友称为"大神级玩家",他经常以"游戏线下聚会"的名义邀请那些志同道合的网友一起喝酒聊天。有一次,一个对Y先生的工作感兴趣的男网友问起他代理的险种,Y先生就对他做了这样的说明:"保险给人的印象总是亏钱,但是我代理的险种跟人们的印象不一样,因为你交的所有钱最后都会回到你手里。"

"交出去的钱会回来,自己还能得到安心的保障。"那位男网友本来认为每月3万日元的保险费是在浪费钱,但Y先生的说明改变了他的看法,所以他主动找Y先生购买了保险。就这样,Y先生通过发掘自己代理的保险业务的特征,将自己理解的"产品的特别之处"转化成了客户眼里的"产品的特别之处",最后成功地把自己"转化"成了顶级销售员。在这个案例中,Y先生着重说明的保险特征是保险中的储蓄功能。保险当然也有赊销型险种,但Y先生觉得客户的需求是"不亏钱"而且"有保障",就用"全额返还"作为保险的"特别之处"加以说明。Y先生的故事告诉我们,准确地传达出产品的特征,客户是有可能动心的。

销售高手成交技巧

 摆脱蛮力型销售的途径四：
试着堂堂正正地说出"我是来销售的"

在从销售一阶进阶到二阶的销售实践中，有一种"在适当时机推销"的方法，就是在获得预约的时候就向对方讲明自己是来做销售的（当然不是没头没脑地说，那样做肯定会被对方拒绝）。操作的顺序是：第一步，展示自己产品的价值；第二步，锁定特定的目标客户进行销售。

"向30多岁的职场已婚女性介绍轻松做家务的产品。"

"向有降低能耗需求的人推荐节能设备。"

以上两种思路听起来好像都没有问题，但顺序

第四章
提升业绩的必经之路一

有问题。因为如果先锁定目标后展现产品价值的话，对产品没兴趣的人会立刻说"我不需要"，轻而易举地把你拒绝了。

还有些事情是绝对不能做的。比如，以"给你介绍个很厉害的人"或者"有个很有意思的活动"为诱饵，隐藏自己的真实目的去"骗取"客户的预约。因为我有过亲身经历，所以能理解客户在这个过程中的切身感受。某公司的销售员因为我曾经购买过他们的产品，就告诉我"这周末有一个'特惠产品'活动"，并且将产品说明送给了我。也许他这么做只是想制造销售契机，但作为被邀请的人，当我察觉到他的真实意图后马上就有一种"被骗"的感觉，不自觉地拉低了我对他的印象分。在这种情况下，除了那些天生爱占小便宜的人会去现场拿了活动产品转身就走之外，一般人拿了活动产品后总有一种"拿人手短"的感觉，会留下来耐着性子听他们做讲解。要是这个时候他们被软磨硬泡签约的话，就会给他们留下"强买强卖"的坏印象，下回想要再邀请他们去参加活动的可能性不大，卖产品给他们当然就更不现实了。他们不但自己不会去，还会对周围的人说："还是不要去参加这种活动比较好"或者"还是别买他家的东西比较好"。**对于曾经让自己上当受骗的人，要重新建立信任感是非常困难的。** 为了避免这种情况发生，对于一阶和二阶销售员，直截了当地说"因为这个产品很特别，请给我一个机会为您介绍一下"才是更负责任的态度。与其用活动来揽客，还不如在活动当天放弃销售，把目标转为获得下次的预约。

第四章
提升业绩的必经之路一

 摆脱蛮力型销售的途径五：
以参加"模特酒会"的心态去和客户见面

　　一阶销售员总是按捺不住想去卖东西，或者是想让别人"主动"买东西。怀有这种心思，之后你无论怎么伪装都会"露出马脚"，由它引导着去和客户接触的话，是很容易引起对方警觉和戒备的。为了不让对方产生戒备心，你可以使用一个小技巧，就是把去见客户这件事情想象成去参加模特酒会，用类似期待的心情去跟他们见面。

　　如果你是男性，就想象自己是去参加女性模特的酒会；如果你是女性，就想象自己是去参加男性偶像的酒会。这并非在开玩笑，你稍微想象一下：要是你被邀请去参加一个全是模特的酒会，你会怎么想？会单纯地感到开心吧？产生"能跟他们见面真是好运气"的想法也是自然而然的吧？对于客户，你也要有"能见到你真好"或者"感谢你抽出时间来见我"之类感恩的心情，然后才去见他们。当然，这必须是你发自内心的想法，而不是在做销售之前为了给自己"打鸡血"才喊的口号。你去参加模特酒会时，会不会想象着让其中一人成为你的女朋友？如果你内心深处认为这种可能性很小，只是犹犹豫豫地抱着"看运气"的想法，然后畏首畏尾地与客户接触的话，你的"小家子气"是会被察觉并且会被讨厌的。销售就是这样，虽然去见客户的目的是希望能做成生意，但对方一旦看出你犹豫不决的心思，就会产生反感心理。

对于客户，你应该真诚地感谢他愿意抽出时间来见你，并珍惜这个来之不易的见面机会，认真思考他的需求和兴趣，尽最大努力为他提供最好的服务。做到这一点，你就能脱离蛮力型销售的阶段了。

第四章
提升业绩的必经之路一

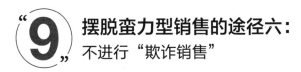 **摆脱蛮力型销售的途径六：**
不进行"欺诈销售"

一阶销售员里有一部分是无法进阶二阶销售员的，其中包括"进行欺诈销售"的销售员。所谓"欺诈销售"，是指在销售过程中，对产品的优点进行名不符实的夸大描述，对产品的缺点却闭口不提的行为。例如，找熟人当"托"来刷好评的餐馆，宣传"只要来训练就一定能瘦身"，而实际上却靠强制节食来达到效果的健身房，"能年轻十岁"的化妆品……都在"欺诈销售"之列。当然，我们不排除有些销售员真心相信自己产品所宣传的功效，但大部分销售员的真正想法是"能够让客户买得开心的同时我也能提

高销售额",从而对自己夸大产品实际价值的这种做法视而不见。

进行欺诈销售不但不会解决蛮力型销售的以下两个问题,反而会将它强化:

第一,把客户当成"单纯的购买者"。

第二,从不考虑产品或服务对客户的实际价值。

因为没办法解决以上两个问题,我们才敢说,进行欺诈销售的销售员是无法进阶的。

第四章
提升业绩的必经之路一

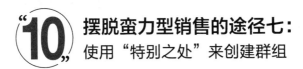 **摆脱蛮力型销售的途径七：**
使用"特别之处"来创建群组

想从一阶销售员进阶到二阶销售员，最重要的是做好以下两点：

第一，改变自己对"客户"的概念。

第二，找出产品的价值。

如何在做好这两点的基础上尽快进阶，见效最快的方法是：和那些能与你的"特别之处"有同感的人建立一个群组。下面我以经营餐饮店的 M 先生为例来详细说明。

M 先生是一家连锁餐饮店的经营者，他很早就沉迷于铁人三项运动并且到处参会和参赛。由于参会和参赛的人总是那么几个，所以他很容易就混了个脸熟。为了跟那些有共同兴趣的人"互相鼓励一起训练"，他就在SNS上创建了一个群，并且在每次大会或大赛结束后都以"反省会"的名义和大家一起去喝酒。一方面，群组成员在吃喝的过程中自然会聊到M先生的职业，比如"社长是做什么工作的"；另一方面，成员间对于工作的话题也会逐渐增多。随着了解程度的深入，有人对M先生的连锁餐饮店产生了兴趣："要不然我也试试看？"然后就成了他的加盟商。由于加盟商的增加，M先生的年销售额从3亿日元左右迅速增长到了120亿日元左右的水平。

除了线上社群之外，你还可以开办线下活动，把新人拉进现有的社群。

例如，作为一家进口汽车公司社长的W先生因为非常喜欢棒球就加入了街道的业余棒球队。他每周都会安排时间去球队，一边享受打棒球的乐趣，一边跟那些对汽车有兴趣的人兴高采烈地聊天。"那辆车你能买到吗？那就拜托你了，W先生。"他用这种方式让业务增加，销售额也就自然而然地持续上升了。

这就是 W 先生的方式,他通过在一个社群里展示自己的"特别之处"让别人更加了解自己,继而构筑信任关系,等他需要的时候这种关系就会发挥作用。

你也行动起来,像 W 先生一样跟别人建立起"只要拜托 ×× 先生(女士)就好"的关系吧。

摆脱蛮力型销售的途径八：
设置"特别场合"来获取联系方式

一阶销售员总是认为"如果自己不主动出击，就不会有人来买自己的产品"。这种想法貌似没什么问题，但别人一旦感觉到你有"强买强卖"的意图，就会产生抗拒心理，继而选择远离你。另一种场景则是，如果对方不仅把你当成一个销售员，还把你当作一个朋友来聊天的话，就会产生"好好听他说"的想法。

一个有着相同"特别之处"的人组成的社群具有非常强大的力量！使用"特别之处"来构筑社群的销售，无一例外都会在数月之内取得压倒性的好业绩。

第四章
提升业绩的必经之路一

有一个销售员K先生，他是那种只要看到心仪的东西就会想方设法买回家的人，或使用信用卡或借贷，总之，不达目的不罢休，因此在不知不觉中就背负了200万日元的外债，日子过到连交房租都变得非常困难的地步。有一天他幡然醒悟，决心停止这种毫无意义的买买买，节衣缩食还清了所有的债务。之后他认为自己应该更多了解与财富相关的事情，就去保险公司做了业务员。

因为自己在金钱管理上走过弯路，K先生不希望别人在这方面再犯同样的错误，所以他做了保险业务员之后常常现身说法，活用自己"走弯路"的经验开办了一个理财相关知识的学习班。虽然第一次来学习的人只有他的妻子和朋友总共四个人，但由于大家一致认为他的讲座很有意思就帮他四处宣传，结果来参加的人越来越多，他也成了人们眼里最有"财商"的人。在这个大家公认有趣的学习班里，K先生从不主动提及保险的话题，只是在学习班结束的时候才轻描淡写地说了一句，"个别想要问问题的人可以留一下联系方式"，然后记下他们的电子邮箱地址或电话号码，之后如果有合适的机会再分别向他们介绍适合的保险业务。通过这种方式，K先生在不到一年的时间里，把自己的年收入提升到5000万日元。

你或许认为K先生只是一个例外，那么我们来看看销售员Q女士，她是如何通过思考"什么是自己的特别之处"来提升销售额的。

三十多岁的Q女士最喜欢做的事情就是睡觉。如果按我前面的定义"喜欢的事情"就是你的"特别之处"的话，你是不是觉得，"无论如何，睡觉都不可能变成特别之处的"。Q女士一开始也是这么想的，但非常喜欢睡觉的她在上过我的研修班以后，就开始琢磨一件事情：以后要怎么做才能睡得更好更久呢？创建一个"爱睡觉的社群"显然不太可能，那么就去别的地方寻找有共通点的小伙伴吧！Q女士这么想着想着就萌生了一个念头——给大学里的单身男生介绍女朋友。Q女士自己毕业于知名的日本国立大学，她认为如果凭借自己的号召力把男生聚集起来建立一个社群的话，响应的女同学应该不在少数……她一边想一边开始尝试，第一次就找来了男女共计10

个人。过程中,她引导成员交换了联系方式,结束时也认真地听了他们的感想,最后才顺便说了一句:"要是在保险方面有困惑的话,可以随时找我咨询。"就这样,Q女士的销售额在一个月后就提高了一倍,三个月后提高了四倍。不到半年,她就可以不用每天去公司打卡,实现"睡觉自由"了。

看到了吗,Q女士"喜欢睡觉"这件事情成了她提高业绩的内在动机,驱使她从别的地方想办法,最后"曲线救国",达成了自己"想睡就睡"的心愿。

"12" 摆脱蛮力型销售的途径九：
在兴趣社群绝对不谈工作

无论是汽车、酒、棒球，还是别的什么爱好，只要是和兴趣相投的同伴聊天就容易敞开心扉，但如果你因此就认为"这是销售的大好时机"，就大错特错了。**这里需要提醒大家的是：绝对不要把工作的话题带进兴趣社群！**因为只要你留在这个社群里，并且经常跟他们见面的话，迟早会聊到职业的事情，等聊到职业的时候你再说"我是卖车的"或者"我是卖办公家具的"就顺理成章了。即便如此，也不能一抓住机会就没完没了地说你的工作，而要以"今天打棒球还真是开心，工作就留到下次再说吧"这样的话来自然切换。

不在兴趣社群内做销售，要让群友发自内心地认为这个社群是因为共同的兴趣爱好而存在的，相信"人与人之间是需要相互联系的"。只要被人信任，你不需要特意表现，对方就会"想要听你说话"，而且会真心地向你靠近。

还有一点就是，一阶销售员总是会做错一件事情，那就是"想要向社群内的全部成员卖东西"。如果真的为对方着想的话，向对方介绍感兴趣的东西是没有问题的，但是你要想清楚一个概念，那就是"可以这么做"和"客户真的感兴趣"是两回事，不要将二者混淆。诸如此类的错误观念是一阶销售员要学习将它放弃的。

"13" 摆脱蛮力型销售的途径十：
没有"特别之处"就创造"特别之处"

你有没有完成本书第二章的"发现你的'特别之处'列表"？

刚发现自己的"特别之处"就建立社群，也许是一件难度很高的事情。如果你急着进群的话，首先要舍得在自己"喜欢的事情"上花时间，其次要在增加相关知识和体验的同时，思考如何"创造特别之处"。要是你还没有"特别之处"，那就需要下功夫改变和提升自己，直到你能够成为别人眼里一个"特别的存在"。

初次拜访客户时，请一定带上客户可能喜欢的

第四章
提升业绩的必经之路一

东西作为伴手礼。你还需要注意的是,选择礼物首要考虑的因素是"客户喜欢",而不是价格,因为你的目的是告诉对方你有多在乎他,只要能满足这个条件,小东西作为礼物也是可以的。

销售的本质是"实现对方期望或喜欢的事情"。所以,你应该选择的礼物不应该是到处都有的土特产,而应该是对方喜欢的东西,或者是不从早上开始排队就买不到的"稀罕物"。

对于那些"不知道自己的特别之处"是什么的销售员,我经常提醒他们需做以下的事情:制作有客户画像的便签,或者在运动会之类的活动上制作带有对方公司成立纪念日或公司标识的巧克力。还曾经提议获得大单合同的销售员给对方公司的全体员工制作印有他们社长画像的T恤衫。销售员说,他提交样衣的时候,虽然社长嘴上漫不经心地说"这种衣服谁穿呀",眼睛里却透着掩饰不住的喜悦。后来听说在他们的誓师大会上,全体员工都穿上了这件T恤衫。这就是以对方眼里的"特别"为着眼点来思考问题,从而进阶自己所处的销售阶段的方法。

第五章

提升业绩的必经之路二

了解被三成销售员经常用错的时间和方法

本章讨论销售二阶（行动力型销售阶段）
- ▶ 行程满满的销售员不等于能干的销售员
- ▶ 错误的销售观念
- ▶ 如何调整思路和克服焦虑
- ▶ 正确进阶途径

"1" 行程满满的销售员不等于能干的销售员

我在前面说过,在销售员群体里,二阶销售员大约要占到30%。作为一名销售员,能够开始拿出点像样的业绩也正是这个阶段。有些二阶销售员甚至能成为公司的顶级销售,因为他们不再像一阶销售员那样只是把客户当成"单纯的购买者",而是与客户建立起更多的信任,同时发掘自己经手的产品的价值,并锁定有需求的客户,在恰当的时候进行销售,体验"越努力业绩越好"的兴奋感,所以就尽可能地增加与客户见面的次数,直至达到自己能约见的极限。二阶销售员的口头禅是"好忙啊",实际上也的确如此，他们的行程总是从早到晚安排得满满当当。

大多数二阶销售员做的其实是规则型销售^㊀。几乎所有从一阶进阶上来的销售员都有一套自己摸索出来的销售模式，认为"针对这样的客户要使用这样的方法"。因为"自己有一套"，他们就担心"这一套"之外的其他方法"不灵"，所以固守自己创造出来的销售模式，不敢突破。

举个例子，某家房屋租赁公司销售员的销售习惯是，先把自己的房源进行分类排序，然后再按照"还过得去的房子"—"不错的房子"—"很有人气的房子"来依次介绍。"这么做的话大多数人都会选择第二类房子"，这就是他们自己创造出来的销售模式。另外一个例子是，有的女销售员把保障类保险只卖给丈夫已经去世的 30～40 岁的女性。

这些二阶销售员发明了"特别的销售方法"，在遇到与自己相合的客户之前总是不停地寻找"目标"，心里想着"接触的客户越多，成功签约的可能性才会

㊀ 规则型销售：在既有框架里进行的销售活动，包括销售思路、销售流程、结算活动等都要遵守一定的规则。

越大",所以非常忙碌。有的销售员一忙起来就会无意识地把客户当成自己销售规则的一部分,有时候甚至会退化到销售一阶那种蛮力型销售的状态,把客户当成购买产品的工具。

为了不变成这样,销售员需要在工作过程中有意识地提醒自己在适当的时候停下来,重新确认自己对客户的了解程度。如果你对客户没有充分了解,就说明你已经处于一种危险状态了。

所以,我建议二阶销售员应多与客户做些工作之外的沟通,以便更多更好地了解对方。

二阶销售员的特征

- ▶ 认为尽可能多地与客户见面,业绩就会上升。
- ▶ 确立了自己的销售方法、规则以及风格。
- ▶ 认为在遇到与自己风格相合的客户之前,所有辛苦的经历都是对自己的考验。
- ▶ 从早到晚行程满满。
- ▶ 认为"忙碌是好事"。
- ▶ 没有私人时间,和重要之人的"精心时刻"也被工作占用了。

第五章
提升业绩的必经之路二

 二阶销售员的观念：
与客户见面的次数越多，业绩就能越好

所有的二阶销售员都有一个共同点，那就是认为"忙碌是好事"。

有些客户确实喜欢"忙碌的销售员"，这是因为他们把"忙碌＝优秀"的刻板印象烙印在脑袋里了。二阶销售员遇到的客户基本上都是这种类型。因为购、销双方有共识，"忙碌是好事"的想法才会被过度强化并扎根于销售员的内心深处，他们也才会不惜牺牲自己的私人生活而不停地工作。"只有自己努力工作才能养家"，他们忙碌工作的目的本来是为了让家人过上更好的日子，但实际上适得其反，那些因为

销售高手 成交技巧

忙工作不能与家人相处而导致婚变发生的例子数不胜数。这些人用"不停地约见客户"的方式来提高销售额，一旦成了主管就会要求自己的下属这么做。但下属一般都不喜欢这样的上司，极端一点的下属举报上司职权霸凌，也是这个阶段常有的事。

　　我在银行工作的后两年就是销售二阶的那种状态。"中小型企业的社长有可能会用到这个融资方案""如果这个人没兴趣，我就去找下一个"，我定下好几种这样的工作模式，在遇到与自己风格相合的人之前不停地寻找目标客户，累得不成人样。有时候在外面忙碌了一整天，回到家里还要坐在电脑前继续工作，结果是干着干着就趴在桌子上睡着了。如果第二天醒来没有时间换衣服，我就换一下领带出门，继续工作……稍感安慰的是，我当时的销售业绩还算不错，也渐渐作为"能干的销售员"被认可了……可是这样忙碌的生活让我没时间打自己喜欢的棒球，和同学或球友见个面都变得异常艰难，平常接触的全都是跟工作有关的人。偶尔周末有空，也不知道该去邀请谁。

这样过了一段时间之后,有一天我突然问自己:

"这么忙对自己真的好吗?"

"我的人生真的要这样继续下去吗?"

"60岁的时候还这样生活,我会后悔吗?"

……

这么想着想着,我就下定决心要跳槽了。

二阶销售员应该调整思路：
即使客户数量减少，销售额也有可能提高

如果在你现在使用的方法之外还有"不忙碌也能提高销售额的方法"，你会选择吗？

二阶销售员总是有一种恐惧心理，认为"客户数量减少一定会导致销售业绩下降"，所以他们即使牺牲一切也会优先考虑工作。但实际上，一味追求数量的销售员能取得的业绩是有限的。相反，减少拜访客户的数量也有可能持续提升销售业绩。如果要做到这一点，就需要彻底改变"忙碌是好事"的想法。

"你为什么要这么忙碌地工作？"

第五章
提升业绩的必经之路二

被这么问时,几乎所有销售员都会回答"为了收入"。

"为了谁要提高收入呢?"

他们会回答"为了家庭"或者"为了让自己和周围的人过上更好的生活"。

在我的学员里,大部分人都认为自己是"为了家庭"或者"让自己和周围的人过上更好的生活"而工作的,完全不知道自己在处理实际问题时"言不由衷"。其中有一位 S 先生,几周前就把自己和女朋友的约会改成了和客户见面。

S 先生说:"我如果赚不到钱,就连带女朋友去吃饭或者给她买礼物这种小事情都没办法做到。"

我问他:"既然交女朋友那么麻烦,分了不是更好吗?"

他很显然被我的话吓了一大跳。

我说:"既然是为了女朋友好,为什么不履行和她的约定呢?"

S 先生回答:"如果我选择和女朋友约会而不与客户见面的话,我担心业绩会因此下滑。"

S先生认为客户数量减少会导致收入减少,但实际上,**在客户数量减少的情况下提高销售额的方法是存在的**。如果你是二阶销售员,读了本书之后请记住这句话,并带着"能赚钱又不用忙碌"的可能性思考去观察一下周围的销售员,一定能找到几个"工作不是人生唯一目标"的人。现在就请你思考一下:为什么这些不忙碌的人也能赚到钱?

第五章 提升业绩的必经之路二

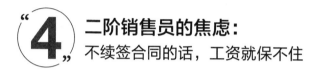

二阶销售员的焦虑：
不续签合同的话，工资就保不住

下面我们来看 E 小姐的故事，她是参加了我的研修班后成功地从销售一阶过渡到销售二阶的保险业务员。

E 小姐的销售方法是，到各个公司举办"理财咨询"讲座，然后作为"理财专家"赢得大家的信任。开始的时候她的方法推行得不错，合同签订数量也不断增加。但在她取得了一个月 40 多单、一年超过 480 单的签约量时，我开始担心起她来：一个月 40 单的话，除去周末，一天要 2 单才行啊！我的疑问是：这么大的签单量，她岂不是就没有时间去跟进已经签约的客户了?

于是我问她:"你这样能做好客户的售后服务吗?"

E小姐说:"我选的都是好产品,不做售后也没关系。公司也没规定一年必须和客户见几次面呀?"看样子她并没有把我的话放在心上。后来,有别家公司的业务员拜访她的企业客户并介绍了有更高收益的理财产品,结果可想而知,客户纷纷"弃你没商量",连招呼都没打就直接把"不续约"的文件送到了E小姐的手里。

E小姐的遭遇说明,她原先的那些客户的购买行为并不是冲着她这个人来的,而是"自己觉得实惠"就签约罢了。只要有"更实惠"的产品出现,客户马上就会调头离你而去。

客户的离开让E小姐的销售额一落千丈,150万日元的月收入缩水到了15万日元,仅为原来的十分之一。

我们再来看F先生的例子,他是一个35岁的"行动力型销售员"(二阶销售员)。

F先生是我的同事,他和E小姐一样,找到自己的签单规律后就开始陆续签订保单。尽管周六不

第五章
提升业绩的必经之路二

休息,和家人相处的时间也越来越少,他却仍然说:"没关系,毕竟是为了工作,家人一定会理解我的。"然后一股脑地投入工作之中。直到某一天,有一位女士来找我,说她"想要重新了解保险"。我认真地询问了她的情况之后,认为她之前购买的保险在险种和保额方面都与她的生活状态很匹配,就向她确认是否有必要更换。没想到这位女性竟然说她是F先生太太的朋友,她找我不是要换险种和保额,而是要换一个承办人,因为"F先生不照顾家庭,他的太太很可怜"。我把这件事情转述给F先生并问他要如何处理,F先生竟然回答:"工作和家庭是没办法两全的,还是工作优先吧!"然后一如既往地忙他的工作,最后遗憾地与太太离婚了。直到现在,F先生仍然坚持二阶销售员的做法,他在一定程度上确实提高了销售业绩。如果仅仅用销售额来判断的话,他或许算得上是一位成功的销售员。但你认为他"成功"的结果使他的人生更圆满了吗?

"5" 二阶销售员的进阶途径一：
去见客户时不带工作任务

处于销售二阶并实行完全步合制[一]的销售员，有人实现了数千万日元的销售额，也有人成了企业里部门或团队的精英，因此有不少人觉得"就这样就好"，而不再去改变自己。但是，如果想要晋升为更高层级的销售员，还是要转变成"工作时间减少，收入提高"的模式才行。

简单地理解提高销售额的方法，有"提高单件金额"和"增加订单数量"两种途径。但一般的二阶销

[一] 步合制：根据个人业绩来给予薪酬的制度。

第五章
提升业绩的必经之路二

售员如果只是一味地追求数量,就很难跟客户有更深层次的交流。

我在银行工作的时候,无论办的是住房贷款还是面向公司的融资,也都只是一味地追求数量。后来有一天,我听到一个客户说我是那种"只有拉业务的时候才会去找他,一旦生意做成了就对他不管不问"的人。因为这个客户是我一直认真对待并且与我关系也比较近的,所以他的说法让我感到非常吃惊。再有就是,因为售后跟进,我新增的业务越多,对部门造成的困扰越大,我作为部门中的顶级销售员,自尊心也因此受到伤害。现在想起来,就是因为这样一种小小的虚荣心,我才决定不再做行动力型销售员了。但是在这期间,越来越多的人认为我是"不可靠的家伙",有些新客户也会脱口而出:"啊,我知道你的事情。"随着这种负面传闻的增多,拓展新客户也变得困难起来。我痛定思痛,下定决心脱离行动力型销售的模式。具体到操作层面来讲,就是"去见客户时不带工作任务"。

"去见客户时不带工作任务",我虽然下决心这么做，但并不知道自己见到客户后应该聊点什么。等到真的见到客户了，我也常常窘迫得不知所措。后来我决定从自己的"特别之处"开始谈起，也就是棒球和汽车的话题，同时我也会留意客户喜欢的事情和兴趣点所在，并且认真地听他们讲。我花时间好好地听他们讲话，对方的警戒心也就渐渐放松了。随着交流的增加，我也更加确信：比起那些"勤奋"的销售员，客户更喜欢见面时不带工作任务的我。见客户时不带工作任务会让客户更开心。

发现"这么做会让客户更开心"这件事，是让我跃升到销售三阶的重要一步。

慢慢来也没关系，试着在售前和售后多花点时间与客户聊些工作以外的话题，然后筛选出一半人作为"重点对象"加以关注，在他们身上花上双倍的时间，这样的话，即使客户数量减半，你也可以通过提高每位客户的成交金额来达成销售目标，而不是一定要靠客户数量来取胜。

随着与客户相处时间的增多，我注意到一件事情：越是一流的商业人士，就越珍惜自己的私人时间。不管工作有多忙,优秀的人都一定有办法确保自己的私人时间不受工作影响,在合适的时候果断切换上下班模式做自己感兴趣的事,或者与家人在一起享受天伦之乐。所以在我说"真的好忙"的时候,他们大部分人,包括那些经营得风生水起,在我看来应该很是忙碌的人都会这么回答:"也不用那么忙吧。"因此我得出一个结论:忙碌本身并不具有太大的价值。处于销售二阶并取得一定成绩的销售员,都应该在业绩下滑之前觉察到这一点。

"6" 二阶销售员的进阶途径二：
一天留出30分钟的时间来发呆

"去见客户时不带工作任务"，这样你跟客户的纯粹聊天时间就会变长，这是**为客户留出来的时间**。除此之外，你还需要**留出一定的时间来让自己"单独享用"**。具体来说，就是最低限度也要保证每天有30分钟的时间让自己放空，"什么都不做"。

最开始你可以在记事簿上写上"几点到几点"，在这个时间段一定不要安排任何事情。因为是"什么都不做"，所以不去见客户、不跟别人讲话、不看书、不看电视，即停止用耳朵和眼睛接受外界的任何信息，好好地发个呆，最多也就是喝喝咖啡或者

第五章
提升业绩的必经之路二

听听音乐。

因为这是人为制造出来的发呆时间,一开始可能会静不下心来,但如果你明白这样做的意义在哪里的话,情况就会好很多。在"什么都不做"的时间里,一直忙于工作的大脑就会进入休息状态,重新启动后注意力会更加集中,工作效率也就更能提升了。会休息才能好好工作,那些常说"好忙啊,好忙啊"的人,他们忙忙碌碌地预定了很多行程,结果,效率反而降低了。

人的大脑每天都在全速运转,不停地思考着很多事情。特别是二阶销售员,哪怕有一点空闲时间他们都会用新的预约把它填满,要不然就是看资料……反正是不停地工作,完全没有休息时间。他们的本意是想分秒必争以便做出更好的成绩,结果却降低了工作效率,收到的是"反效果"。

"什么都不做"的那些时间看起来好像是大脑停顿了,实际上人在停止思考的时候,潜意识会行动起来整理思绪,"灵光一闪"的高光时刻就会出现。因此,人如果不休息,潜意识就没有机会来进行这样的活动。

很多人会利用搭乘飞机或者乘坐火车的时间看书，但我会选择发呆，其间常常有灵感造访，忽然间就有解决问题的主意了。

据说在人的意识中，潜意识要占到九成。如果真是那样的话，我们怎么舍得随便就把它忽略了呢？

二阶销售员的进阶途径三：
别忘了活用"特别之处"

一件很遗憾的事情是，大部分二阶销售员常常忘记活用"特别之处"。之所以会这样，是因为他们一直忙于寻找与自己风格相合的客户，也就没有精力去创建兴趣社群和开展活动了。还有就是，他们根本舍不得把时间花在自己的兴趣上，而是争分夺秒地工作。因此我建议，在开始怀疑"每天都忙碌真的好吗"的时候，一定要想到活用"特别之处"并付诸行动。

常常忙得晕头转向的人，表面上看起来好像是在快速地走向成功，实际上这种工作方式浪费了很多

值得珍惜的东西,包括本该为自己预留出来的不可或缺的时间,例如:

- ▶ 自己发呆的时间。
- ▶ 与有同感的人相处的时间。
- ▶ 让自己随心所欲的时间。

这些时间绝对不是"无用的时间",相反,它们是你辛苦劳作一段时间后必须停下来消除疲劳的"驿点"。当你意识到它们的重要性时,就可以从销售二阶向销售三阶进阶了。

销售员浪费的时间与务必确保的时间

浪费的时间包括:

- ▶ 反复确认记事簿。
- ▶ 制作没有实际用途的资料。
- ▶ 用电脑做无意义的事情。
- ▶ 因无事可做而烦躁。
- ▶ 为预约的事放心不下。
- ▶ 参加不感兴趣的活动。
- ▶ 和下属开一个小时以上的会。

第五章
提升业绩的必经之路二

务必确保的时间包括：

- 和客户悠闲地谈话。
- 和家人朋友一起吃饭。
- 制订第二天的计划。
- 在日记中记下当天的反思。
- 集中精神做喜欢的事情。
- 什么都不做只是发呆。
- 睡觉。

希望大家能搞清楚两种"无用"的区别，给自己重点留出一些"无用的时间"。

第六章

提升业绩的必经之路三

改变思维,让自己从"卖东西的人"转变为"提供服务的人"

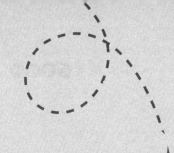

本章讨论：

- 销售三阶（舍得型销售阶段）
- 销售四阶（顾问型销售阶段）
- 销售五阶（粉丝型销售阶段）
- 销售六阶（领袖魅力型销售阶段）

 三阶销售员的思考方式：
把别人眼里有价值的东西给出去，
让它变成业绩

请你做一个大胆的设想：假如你手上拿着 100 万日元对客户说：

"这 100 万日元给你，请用它来买 100 万日元的保险！"

"这 100 万日元给你，请用它来买 100 万日元的商品！"

听到这话以后客户会做什么决定？会用你给的 100 万日元购买保险或购买商品吗？我想大部分人是会的！

第六章
提升业绩的必经之路三

从本质上讲，这就是三阶销售员常有的思考方式。

当然，他们不会直接给别人现金，他们只是非常清楚地知道，**"把别人眼里有价值的东西给出去，让它变成业绩"**的思考方式很重要。处于前一个销售层级（销售二阶）时，他们还不能很好地理解"将给予变成销售额"的原理，但他们会在与客户磨合的过程中不断总结和思考，渐渐弄清楚对方的核心需求，然后学着去领悟"有价值的给予"和"增加销售额"之间的微妙关系。随着良性互动的增加，他们自然而然地就升级到销售三阶了。

事实上，全面推行"舍得型销售"并且取得成功的公司有很多，下面我们来看一个例子。

某建材公司的社长非常喜欢高尔夫球。他不但在公司里设有高尔夫球练习场，还要求所有销售员的高尔夫得分必须超过80分，否则就不让他们出去做销售，因为以往的经验告诉他，在公司的客户（包括目标客户）中，有很多人喜欢打高尔夫。这些客户会说："喂，你高尔夫打得不错啊，能教教我吗？若占用了你的时间，我会给你订单作为补偿……"他们就

是用这种方式获得了很多订单。

"客户眼里有价值的东西"五花八门，有时候可能是他恰好需要的某种信息，有时候可能是某种人脉。比如预订到一家原本需要排队一年才能取得座位的餐厅，再如给一个急需融资的社长介绍一家合适的银行，或者教给别人诸如外语或网球之类的技能，再或者拿到某个海外著名艺术家的音乐会门票……对需要的客户来说，这些看似简单的事情就是"有价值的"。所以，你也可以尝试去做些"为客户着想"的事情，带着"客户会因为我提供的服务而下订单"的愿望去行动，"真心实意为客户服务"的态度会以你意想不到的形式转化为销售额来回馈给你。

第六章
提升业绩的必经之路三

"2" 三阶销售员的观念：
客户满意度会转化为销售额

三阶销售员认为"销售就是把有价值的东西给予对方"，所以，要顺着这个思路，以"给予"为中心来提高销售额。我刚转职到保险公司时，所处的销售层级就是销售三阶。我当时依靠自己在银行的工作经验，向很多中小企业主提出资金运用改善方案，从而获得了保险订单。很多客户都对我说："多亏你的指点让我们省下了这么多钱，就用这笔钱买个保险吧。"表面上看，我提供的"资金运用改善方案"与客户给我的"保险订单"之间并没有直接的因果关系，但因为有"客户满意度"作为中介，二者就被连接到一条因果链上了。我这段时间的真实经历就是把"客户满意度"转化为"销售额"的生动案例。

一阶和二阶销售员的最大压力是，他们每天都要背负着"一定要说服客户购买产品"或者"一定要见更多的客户"等包袱而工作，累得喘不过气来。但到了三阶以后，他们就不再会被动地被这个包袱所压制，而是能够主动地卸下一部分心理负担，工作状态就显得轻松了许多。尽管如此，他们仍然无法忘记一件事："它能给我带来什么回报？"事实上我在初入保险公司时也常常在想："我都提供了这么多有价值的服务了，两三万日元的保险你总该会买的吧？"并且还做出各种各样的提案等客户来回应。正是这种思考方式，让三阶和四阶销售员有着本质区别：三阶销售员的工作量不会随着心理压力的减轻而减少，有时候反而会增加，因为他们根深蒂固地认为，"如果不继续给予的话，销售额会减少"，所以只好持续地做出"被动给予"的动作。也就是说，他们仍然面临的另外一个难题是：非常忙碌！而四阶销售员则不然，他们只是单纯地为能够帮助到客户而开心，只考虑如何尽自己所能最大限度地为对方提供优质服务。

　　作为一名销售员，通过服务客户来提升业绩，而且能感受到服务成效（客户满意）的第一个阶段就是销售三阶。刚开始他们跟二阶销售员一样为业绩而工作，只想做那些对提升业绩有帮助的事情。但当他们在工作过程中看到"客户满意度"与"销售额"之间的正向关联后，就会不断地改善服务品质，从二者的良性循环中积累正面经验。这种正面经验越多，他们就变得越"可靠"，也就越有能力跨入销售四阶（顾问型销售阶段）。

三阶销售员注意事项一：

有些时候就算客户说"我想买"，也要断然拒绝

我曾经给很多在资金运用方面有困难的企业提供过资金运用改良方案，并收到了良好的反馈。但后来我开始思考："这样的'给予'只能帮助到那些在资金运用方面有困难的企业，覆盖面太小。我是否能扩大服务范围，考虑一下给那些经营良好的企业提供点别的服务呢？"我带着这样的思考与客户互动，很快就引起了对方的共鸣，他们向我说起了自己的种种烦恼。有人说"员工情绪不稳，公司快要后继无人了"，有人说"新产品卖不出去，经营压力越来越大，

第六章
提升业绩的必经之路三

要搬迁本社大楼了",也有人说"找不到一起去打高尔夫球的朋友"或者"集不齐一队打棒球的人"……

虽然我清楚地知道,仅仅是帮助客户解决"没有人一起去打高尔夫球"之类的问题就期待着有立竿见影的回报是不可能的,但我也同样清楚地知道,做好服务是我迈向销售四阶的一个必要条件,因此我仍然会"先把能为他做的事情做好"。

处于销售三阶时,我会下意识地只做那些能变成钱的工作,所以就只能"在忙碌中讨生活",累得上气不接下气。后来我意识到这种工作状态的局限性,就改变思考方式去与客户建立一种"不带销售目的"的、自然而然的人际关系。也就是说,在与对方交往的过程中把自己当成一个没有销售目的的普通人,而不是一个戴着普通人面具的销售员。然后从目标客户中选出一两个人,告诉自己"绝对不要卖东西给这个人"(不进行销售的行为),而只给他们提供令其满意的服务。这样做的结果是,你与对方的关系会越来越紧密,之后,只要有与你工作内容相关的业务,他们就会来找你,或者给你介绍重要的朋友。对一个销售员来讲，这种信任绝对比"向你买东西"有价值。

　　还有一点要提醒各位的是，即使你与客户有良好的人际关系，也不要一开始就不分青红皂白地推销产品。如果客户只是想帮你提高销售额而购买的话，你要用婉转的语气来表达拒绝的态度："虽然我现在有业绩压力，但我不能让您因为照顾我的业绩而购买产品，您的好意我心领了……"这样做的好处是，让客户有足够的时间去思考他真正想要的东西或价值是什么。等他想清楚了，认为你的产品或服务确实有购买价值的时候再下单，他的购买行为就会主动和持续。主动又持续的订单当然比"为了你的销售额而随便买一点"或"买一些便宜的产品帮你凑数"有用得多！当主动并持续购买的客户不断累积达到一定数量之后，你就可以从销售三阶那种"每天都必须马不停蹄地给予"的压力中解放出来了。

　　记住，在与客户建立关系的过程中，要"忘记销售这件事，一门心思地只想着给对方提供优质服务"，时机不成熟的时候，即使对方主动说"我想买"也不能那样做！

第六章
提升业绩的必经之路三

"4" 磨炼"特别之处",跨越年入1亿日元的壁垒

我在前面说过,哪怕是处于销售一阶、销售二阶、销售三阶(即蛮力型销售阶段、行动力型销售阶段、舍得型销售阶段)的销售员,只要他能擅用自己的"特别之处",也能达到年入数千万日元的水平。当然,我也同样说过,处于这三个销售阶段的销售员,他们越是想挣得多,就越会背上沉重的包袱。说得更浅白一点,他们要实现年入1亿日元的梦想并非不可能,只是会非常困难。但是四阶销售员就完全不同了,他们不但能实现工作时间自由,还能实现收入上不封顶,年收入达到1亿日元并不

是太困难的事情。

那么,想要年收入突破1亿日元的大关,我们需要做什么呢?简单地说就是,不但要挣脱销售三阶的束缚进入销售四阶,还要磨炼自己的"特别之处"。

我前言中介绍的那位曾经的职业网球运动员,他在下决心提高销售额的第一个月并没有进行任何销售活动,而是全心全意地专注于网球。我自己也是如此,作为棒球教练,我不会在秋季联盟的那一个月里做任何工作,以此保证我的队伍能够获胜。因为我知道,只有我的队伍获胜了,来年才有更多的人想要跟我见面。这样磨炼出来的"特别之处"是我能够上升到更高销售层级的原动力。也就是说,磨炼到炉火纯青的"特别之处"是一个强大的助推器,它会不断地推动着你向更高的销售层级跃升。

我知道对于一个上班族来说,整整一个月完全不工作不太可能,什么都不做就想让销售业绩上升就更不可能了,所以我建议销售员拿出勇气来做一个决定,就是每天至少用两小时来磨炼自己的"特别之处",即"每天花两小时在自己喜欢的事情上",至少

第六章
提升业绩的必经之路三

坚持三个月。这样做的话,虽然你的业绩有可能在短时间内出现下滑,但等你的"特别之处"打磨得驾轻就熟之后,你就会跃跃欲试,充满自信心和好奇心,浑身散发着魅力。就是这份魅力,能帮助你跨越年入1亿日元的壁垒。

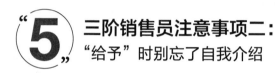

"5" 三阶销售员注意事项二：
"给予"时别忘了自我介绍

三阶销售员常犯的一个错误，就是过分专注于"给予"这件事情本身，而忘记了让对方记住自己是谁。

保险销售员G先生的"特别之处"是棒球。他在高中和大学时代都是学校棒球队的重要成员，曾经因为自己的精彩表现让之前没怎么赢过球的学校棒球队多次赢得比赛，被同学们誉为"草地棒球队的英雄"。除此之外，在陪队友去赛场观战的过程中，他还常常做类似"这个球是这样过来的，所以应该那样挥棒"之类的解说，这让"球技出众又热心服务"的G先生在圈内名声大噪。后来他参加了本地区的棒球

第六章
提升业绩的必经之路三

队,每个周末都会去参加比赛。他的社交圈子越来越大,可他的销售额却没有明显上升。

有一天G先生来找我咨询:"辻盛先生,我已经很努力,怎么会是这样的结果?"

我问他:"大家都知道你是保险销售员吗?"

他回答:"不知道,我没告诉他们。"

一听G先生的回答我就明白了:他为了能帮助大家专心打棒球,竟然忘记做自我介绍了!我在前面的章节里说过,"打棒球的时候不应该进行销售工作",但在恰当的时机告诉别人"我是一个销售员,有需要的话可以找我",还是很有必要的。因此,**只要你还在做销售,就不要忘记找一个恰当的时机进行自我介绍。**

在这里我还要向三阶销售员建议一件事,那就是"增加你的特别之处"。不要像很多人那样,"一说到运动就是棒球,一说到酒就是红酒,一说到国外就是西班牙"。最好是有与众不同的兴趣点。也就是说,你的"特别之处"越多,就越可能跟更多的人产生共鸣,这样能做到的事情和能获得的机会都会增

加。增加"特别之处"的具体做法有:

第一,在生活和工作中继续磨炼自己已有的"特别之处",以精益求精。

第二,在自己熟悉的领域里寻找"感兴趣的事情"并反复练习,直到能随心所欲地驾驭它,把它变成自己的"特别之处"。

第三,拓宽自己的认知范围,试着在不太熟悉的领域里探索,培养自己新的兴趣点。

如果你能做到以上三点并持之以恒的话,就一定能磨炼出有价值的"特别之处"。举个例子你就明白了:假设你在已经有一个"特别之处"是足球的情况之下,仍然可以尝试去象棋的世界里看看,从阅读象棋的入门书籍开始,一点一点地积累相关知识,然后付诸实践加以练习,一段时间之后它就会变成你的"特别之处"了。

第六章
提升业绩的必经之路三

四阶销售员：
以服务客户为乐

销售四阶就是我在第三章里说的"想要把所有人都变成目标客户"的阶段。这个层级的销售员不再像以前那样只是机械地"售卖产品或服务"了。他们通常都能在放松的心态下工作，有时候仅靠给前来咨询的人"提供解决方案"就能达成目标业绩。下面我们来看一个"顾问型销售"的例子。

我曾经接待过一个濒临倒闭的公司的社长，他的公司已经到了"既没有业务也没有周转资金"的生死边缘。他沮丧地说："如果能拓展一点新业务，并且能从银行贷出款来周转的话,公司兴许还能再活一阵子。"说实话,他这种运营咨询的案子是很多人都不愿意接的。但我本着"尽最大努力服务客户"的想法接待了他,并且给他提供了与公司现状相匹配的融资和运营方案。结果,他在融到资金的同时也相应地拿到了一些业务,公司有惊无险地渡过了病入膏肓的危险期,本来只有1亿日元的销售额在一年之后就增加到了12亿日元。公司的快速增长让他大喜过望:"太好了,太好了!"这位社长不但自己高兴,几个月后还让哥哥专门打来电话向我致谢:"谢谢您的帮助,现在我弟弟的公司起死回生了,作为回报,我决定介绍生意给您。"结果,我在社长哥哥的牵线搭桥之下获得了很多大公司的资源。

当然了,这是一个典型的"双赢"案例(对方得到利益,我也从中获得了好处),并不是所有的销售员都能为客户提供这种服务的。下面我想说的是,就算是你的"特别之处"不能为客户解决财务问题,你也是有可能成为"顾问型销售"的。

J先生在一家公司做高级进口汽车的销售工作,

第六章
提升业绩的必经之路三

他的"特别之处"是高尔夫球。如果只看球技的话，J先生是一个普通得不能再普通的人，但是，如果以他对高尔夫球的喜欢程度来看的话，他绝对算得上日本数一数二的"高尔夫球球痴"。为了让自己能够参与更多高尔夫球的相关活动，以结识职业高尔夫球手和高尔夫器材制造商，他一年要打300场球；不仅如此，他还会一时兴起随便找个理由就举办活动，比如"素人与职业高尔夫球手打球大会"或"高尔夫俱乐部试打会"之类。总之，J先生每天都在为"让客户能开心打高尔夫"这件事情忙碌，自己乐在其中的同时，也获得了别人的肯定。球友们知道他是卖车的，自己或亲友需要购车的时候自然会第一时间就想到他。你看到了吗，像J先生这样的人，就算他不做任何宣传，也有很多人因为他而去买车。

不管你现在处在哪一个销售层级，也不管你从事销售的时间有多长，只要你下决心"一定要成为顾问型销售员"，并舍得花时间磨炼"特别之处"的话，完全可以梦想成真。这里需要提醒大家的是，每个人

的悟性不一样，有人一个月就能实现梦想，有人可能要一年，也有人可能花了 10 年的时间仍然不能达成心愿。无论如何，把**"给予就能得到回报"**的想法切换成**"能为客户帮忙而感到开心"**很重要。

第六章
提升业绩的必经之路三

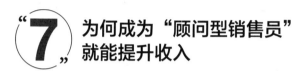
为何成为"顾问型销售员"就能提升收入

我在前面说过,销售四阶(顾问型销售阶段)的销售员可以突破收入的界限,做到"上不封顶"。这是为什么呢?

处于销售三阶时,销售员的收入通常和"给予"成正比。换句话说,你所拥有的能力("给予"的能力)会限制你的收入。客户烦恼的问题五花八门且千变万化,而人的能力是有限的,所以无论你怎么拼命地要给予,你能给到客户的东西都是非常有限的。但到销售四阶以后,情况就不一样了,"你的收益"(解决客户烦恼或问题所产生的利益)会稳定下来,它不再随着"客户得到的好处"（客户因你的服务而得到的利益）的多少而改变，因为当你穷极"特别之处"到了专业的高度之后，就能给更多的人带去快乐。快乐的价值在于，它能让客户得到可以量化的收益，你则可以得到无法量化的资源。资源不是一串死板的数字，而是一个活水源泉。只要能理解"活水源泉"的含义，你就一定能够理解为什么达到销售四阶之后就可以做到收入"上不封顶"了。

随着销售四阶时客户数量的不断增加，上升到销售五阶（粉丝型销售阶段）和销售六阶（领袖魅力型销售阶段）就是自然而然的事情了。

从本质上说，销售五阶和销售六阶是没有区别的，唯一不同的就是支持的人群不同。如果销售五阶中支持你的粉丝对你的感情变成无条件的"崇拜"，即无论在什么状况下他们都支持你的话，你就升至销售六阶了。

第六章
提升业绩的必经之路三

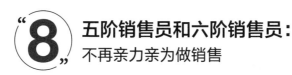

五阶销售员和六阶销售员：
不再亲力亲为做销售

以下假设的角色能帮助你理解"粉丝"和"信徒"的区别。

假如你是一家美味法餐厅里拥有大量粉丝的法餐大厨，多年之后你的厨艺退化导致料理变差的话，"粉丝"会离开你，而"信徒"不会。"信徒"不但自己不离开你，还会忽略料理口味，携亲带友来表达对你的支持。这就是"粉丝型销售"和"领袖魅力型销售"的区别。

既然销售五阶和销售六阶没有本质区别，那么，选择哪一个销售层级作为自己的努力方向比较好呢？

销售高手 成交技巧

我想这与你期待的生活方式有着相当程度的关系。有些销售员因为"想要和人接触"或"想要让更多的人开心"的想法聚集了不少粉丝，也有一些销售员因为"不需要被大多数人接受""不想受到瞩目"或"想安静生活"的性格而受到别人的热捧，被动地"培养"了一批"信徒"。

现在我们把话题说回到销售工作上来。在销售五阶（粉丝型销售阶段），那些与销售员的生活和思考方式有共鸣而成为粉丝的人，是一定会积极地购入产品或服务的。**只要信任你且持续不断地给你订单的粉丝积累到一定数量，你就不再需要亲力亲为地去做销售了。**也就是说，五阶销售员几乎不需要按部就班地上班就能有一份稳定可观的收入，就能有时间与喜欢的人一起度过时光，有条件做自己喜欢的事情。当然，粉丝数量并不能机械地等同于你直接接触到的客户数量。还有一个更重要的指标是"粉丝对你的支持程度"。销售圈里有一句流行的话："只要有三个铁杆客户，就能成为顶级销售员。"从这句话里不难看出，对一个销售员来讲"粉丝质量"（粉丝对你的支

第六章
提升业绩的必经之路三

持程度）是何等重要！单从数量上看的话，三个铁杆客户并不算多，但他们作为应援团会为你免费宣传，让你的价值广为人知。回顾我自己的发展路径，其实也是从几个"铁杆客户"起步的。

主编《健康方法》并经常在电视和杂志上露面的南云吉则先生，以及热心于慈善活动的高须克弥医生，他们都算得上是达到了销售五阶或销售六阶的人，因为他们曾经为日本人的健康和延缓衰老付出过自己的全部心力，稳定地拥有基数庞大的支持群体，只要他们说"这个茶好"，就会有无数人下单购买。

我在前面说过，很多人会同时处于相邻的两个销售阶段，所以有相当一部分实际上处于销售四阶的销售员会误认为自己已经上升到销售五阶了。这要怎么来分辨呢？一个很简单的方法就是，试着假设一下："如果我改变了立场和方向，粉丝还会认同我吗？"或者，你也可以假设自己休息一年之后，现在的客户还会不会主动联络你；再或者，你可以假设自己从事务所辞职另起炉灶，你的客户会不会跟着你走。如果这些"假设"都有肯定答案，毫无疑问，你已经上升到粉丝型销售阶段（销售五阶）了。

　　在这里我还想告诉你们一件关于收入的事情。五阶销售员的收入是没有上限的，但成了六阶销售员（如之前举例的矢沢永吉和长渊刚等人）之后，收入就会出现分化，即有些人的销售额会持续上升，而有些人的销售额则会停滞不前甚至大幅下滑。这是因为有一些"领袖魅力型销售员"选择只跟特定"信徒"进行交流，他们已经不那么在乎自己的收入了。

　　现在你可以静下心来想一想自己做销售的目的是什么了。如果对你来讲收入更重要，那么你可以向销售五阶冲刺；如果你更愿意彰显个性，安安静静地享受生活，那么销售六阶会更适合你。

第六章
提升业绩的必经之路三

 扩大"特别之处"的覆盖范围,
使你提供的价值最大化

　　五阶销售员和六阶销售员要以一定数量的"粉丝"或"信徒"为基础,否则就不可能停留在这个阶段。因此,他们的服务一定不是只惠及一个或少数几个人,而是覆盖到更多的受众。比起销售四阶因解决客户的眼前问题而使客户得到即时满意来讲,这两个阶段运用"特别之处"来解决客户问题的方式显得更加"高明",能与自己共鸣的人也会变得更多。简言之,这类似于教一个人打棒球与开设棒球班教一群人打棒球的区别。也可以说从销售四阶升为销售五阶或六阶的重点,是摆脱"取悦某一个人"的束缚而不断突破,在力所能及的条件下实现服务范围最大化。

例如,在给企业提供运营咨询的过程中,我就渐渐地生发出"扶持年轻创业者"的想法。据说创业公司5年之后的存活率为5%～10%,因此我希望自己能帮助这些年轻的创业者度过创业艰难期,所以就对周围的人说:"要是认识年轻社长的话,请介绍给我。"于是,就有年轻的艺人、百货商场里开店的小老板等人经介绍来寻求我的帮助,也有人介绍我去企业给员工做培训……渐渐地,随着客户的增多,我也就从销售四阶进阶到了销售五阶。

我们再来看一个面包师D先生的故事,他的"特别之处"是制作美味的面包。起先他依靠自己制作面包的技术开了一家"私人定制"的新型面包店,随着客户数量的不断增加,D先生的思想慢慢地发生了变化,认为"仅仅考虑面包的口感是不够的,还应该考虑客户的健康",于是他就把面包的原材料改为了日本产的无农药小麦、蔬菜和水果,不但实地考察并深入了解这些原材料的产地和供应商,还在销售面包的时候不厌其烦地为顾客讲解它们的生长过程和面

第六章
提升业绩的必经之路三

包的制作过程。"好产品"加上"好服务"让 D 先生的面包店人气飙升，很快就收获了大量的粉丝，销售额自然就跟着升上去了。为了把最好的产品提供给客户，D 先生现在有一大半的时间都是在研发产品，一周只有三天时间在开店。虽然开店的时间减少，但每个开店日都有新老客户慕名而来排队等候，产品供不应求。从 D 先生的故事里我们看到，**把自己的"特别之处"拿出来与大家分享，你便有机会拓展自己的可能性，你提供给他人的价值就会更大。**

第七章

穷极"特别"之道

让你挣 1 亿日元比别人挣 1000 万日元还简单

> 只要我们提供的服务有价值,只要能成为一个"特别的销售员",我们就会在技术进步的滚滚洪流中站稳脚跟而不被时代抛弃。销售员这一职业不但不会消亡,还会因为我们提供的价值而变成一份社会地位较高的工作。

"1" 想挣1亿日元的话，今天就开始改变行动吧

我在研修班上提问："你希望自己的年收入是多少？"

大部分学员回答："1000万日元。"

为了引导学员进一步思考，我又问："如果是想挣多少就能挣多少呢？即使能挣1亿日元你也会满足于仅挣1000万日元吗？"

听到这个问题后，仍有很大一部分学员说："从现实来考虑，1亿日元不太可能吧……"

当然了，如果沿用他们现在的销售方法和思考方式，年收入达到1亿日元确实不太可能。

"要是今天你的家人被绑架了，你必须在一周之

第七章
穷极"特别"之道

内将销售额提升 10 倍才能救出家人,你会怎么做?"

他们全员回答:"那我就算是死也要拼命,尽最大努力去挣够所需的数额。"

"那么,就用这样的思考方式,从今天开始努力如何?"

直到对话进行到这个程度,学员才意识到:原来自己是这么惧怕改变的人!

"我一直是这么过来的,昨天是这样过的,今天和明天也会这样过。"人会本能地抗拒改变,大脑总是用这样的逻辑来维持现状,但遗憾的是,"一直这样"是无法改变未来的。所以,如果想挣 1 亿日元,你需要从今天起就开始改变想法和行动方式。

"想挣 1 亿日元就这么干""挣到 1 亿日元就去做××事"……脑子里的这些想法会引导你朝着实现它的方向去行动,因此你做事的效率就会提升。而支持你去实现梦想的,就是被你打磨到极致的你的"特别之处"。

"只要销售额能持续上升就好"的真正意义

你能想象一个销售员用大部分的时间做自己喜欢的事,还能实现收入不减吗?

我现在的生活状态就是这样的。

我说过,自己曾经担任某大学棒球队的教练,一个月有25天是和选手在球场上度过的。尽管看起来这么"不务正业",我仍然能够一边做着自己喜欢的事情,一边过着财务自由的生活。我现在经营着一家有16名社员的保险代理公司。因为我认为"只要销售额能持续上升就好",所以除了一些必须去店里才能办理的业务之外,一般情况下我是不会按部就班地去店

第七章
穷极"特别"之道

里打卡上班的。这让很多人不理解。东京分店新入职的员工就惴惴不安地打了好几通电话来确认这样做是否妥当。不仅如此,如果有女员工问:"今天下午我和皮肤科医生预约了祛斑,可以去吗?"我一定回答她:"没问题!"从管理的层面来看,他们是我的员工,我是有权力管他们的。但我的管理理念是,只要他们能在工作中学习如何去发现、磨炼和运用自己的"特别之处",就不需要用公司的条条框框去对他们的思想和行为加以束缚。所以在我的公司只要有员工说"我想试试这样行不行"的时候,我的回复一律是肯定的。

"我想在丽思卡尔顿酒店举办理财讲座。"

"能邀请来名人参加就没有问题。"

类似这样的对话每天都有。要说为什么的话,那就是我认为,发现、磨炼和合理运用自己的"特别之处"都必须在这样一件件具体的事项中才能完成。当然了,任何人都不可能是常胜将军(包括我自己),保证每次事情都能做对。我想说的是,做错了不重要,重要的是我们相信自己是一个有"特别之处"的人。只要我们能用心发现、磨炼和合理运用"特别之处",它迟早会发芽并在你意想不到的地方开花结果。

"3" 做喜欢的事情并非"只要玩玩就好"

我在做销售员培训的时候,有不少学员表示想"轻轻松松就能挣到钱"。这种想法让我感到非常遗憾,因为他们模糊了"开开心心挣钱"和"轻轻松松就能挣到钱"这两个概念之间的差别。我当然不建议大家故意去挑自己不擅长的事情来自我折磨,我只是想鼓励大家去寻找一边做自己喜欢的事情一边开心挣钱的方法。在这里我要特别强调,**"喜欢的事情"并不等于"轻轻松松的事情"**。

一方面,所谓"轻松",就是"随便做做就可以",或者"太麻烦了,所以即使是必须做的事情也

第七章
穷极"特别"之道

不去做";另一方面,"穷极特别之处"的"穷极",就是要做到自己觉得再也不能更好的地步。穷极"特别"之道本身是一件乐在其中的事情,但并非他们理解的"随便做做"或是"玩玩而已"。

美国心理学家亚伯拉罕·马斯洛有一个著名的"需求层次理论",大致的意思是说,人的需求从基本生存到自主幸福(从低到高)可以分为五个层次:生理需求、安全需求、爱和归属需求、尊重需求、自我实现。这五个层次的需求自下而上呈金字塔状(见图7-1)。其中,"生理和安全"的需求属于缺失性需求,它关系到生存,若不被满足人就无法活下去;"爱和归属、尊重以及自我实现"的需求是成长性需求,关系到身心健康,不被满足人也能活下去,但没有幸福感和自主感。

在这里要特别强调,世界上能达到"自我实现"的人凤毛麟角。以我自己为例来讲,当我认真为别人提供服务并得到良好反馈时,我的"爱和归属"的需求以及"尊重"的需要就得到了满足;当我实现财务自由,能自主安排生活并且能抱着一定的好奇去探索世界时,"自我实现"的需求也得到了满足。从这个意义上讲,是销售这份工作使我变成了一个幸福的人。

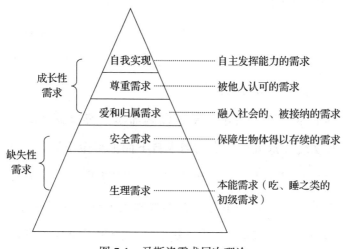

图 7-1　马斯洛需求层次理论

相信职场人士都有这样一个共识,就是除去吃饭睡觉之外,我们一天的时间大部分都是在工作中度过的,因此要从工作中找到"幸福感"还是很有可能的事。与其在业余时间里等着"被别人承认"或者等着"在别人给的机会里"发挥自己的能力,还不如在工作中与客户良性互动,让不断获得的、良好的客户

第七章
穷极"特别"之道

满意度来为你的幸福感充值。如果一直抱着"要轻轻松松赚钱"或"因为怕麻烦就对必须要做的事情视而不见"的态度，你不但不会获得幸福，还会在等待中错失获得幸福的机会。

"穷极特别之处"是一个不间断的过程。从昨天到今天，从今天到明天，从明天到后天……你的每一天都在这个过程中一点一点地进步。只要有进步，成长的过程就不会有很多痛苦，这就是我所说的磨炼自己的"特别之处"，就能乐在其中做销售的原因。

"4" 成为"特别的销售员"不会被时代所抛弃

最近我听到越来越多的人说,"面对面售卖产品的销售方式已经过时了""现在已经是 AI 时代,大家都是通过网络或是人工智能来购物了""人类已经不需要销售员了"……我从不否认在现代社会里有越来越多人工智能代替人类进行销售活动的例子,电车检票口已经完全由机器来工作,银行窗口工作人员在减少,很多便利店也实现了无人售货……面对这些变化我仍然要说,能被机器替代的工作都是没有价值的工作!这虽然听起来很武断,但我认为无论技术如何进步,销售的世界都不可能只是冷冰冰的、机械式的交

第七章
穷极"特别"之道

易过程。就拿无人售货的便利店来举例,选择与哪一家供应商合作、怎么合作等问题,说到底还是由人来决定的。所以我要再强调一次,能被标准化技术淘汰的销售员,一定是没有发现、磨炼和运用自己的"特别之处"的销售员。无论时代如何变迁,无论自动化如何普及,有"特别之处"的销售员都会因为自己的价值而在销售世界里保有一席之地。即便是处于销售终端的零售,对品质有追求的人也不会为了省时省力而去网购,他们会因为你提供的服务价值而找你买东西,即他们会"因为是你而购买"。所以,只要我们提供的服务有价值,只要能成为一个"特别的销售员",我们就会在技术进步的滚滚洪流中站稳脚跟而不被时代抛弃,销售员这一职业不但不会消亡,还会因为我们提供的价值而变成一份社会地位较高的工作。

结 语

从流浪汉到靠着"特别之处"重新站起来

一个男人的故事

威尔·史密斯主演的电影《当幸福来敲门》，讲述了一个名叫克里斯·加德纳的销售员因生意失败而沦落成带着孩子流落街头的半流浪汉，后又因自己的努力，成功转型成为股票经纪人的故事。如果对照我划分的销售层级，电影主角正是从销售一阶（蛮力型销售阶段）向销售三阶（舍得型销售阶段）进化的过程中取得成功的。

克里斯·加德纳最开始用"蛮力型销售"的方式售卖医疗器械，后来他找到一个机会在证券公司人事主管的面前展示自己会玩魔方的"特别之处"而获得实习生资格，然后他每天给客户打数不清的电话，成为"行动力型销售"。有一次在陪某退休基金管理者瑞本先生观看足球赛时，他结识了好几个"大人物"，业绩因此上升，从而被证券公司正式聘为股票经纪

结语
从流浪汉到靠着"特别之处"重新站起来

人。看完这个电影之后,我更加确信销售六个阶段的划分对任何销售活动来说都是合理的,也确信不管你是什么族裔、性别、年龄、性格,每个人都有自己的"特别之处",只要运用得当,它一定能给别人和自己带来价值。

很多人知道我给销售员做培训和指导,但很少有人了解我不被客户信任、销售业绩增长乏力、烦恼不堪的过去。那时我曾经怀疑自己"是否真的适合这份工作",并且希望借由反复的职业测试来加以确认。由于那种测试只提供测试结果而不提供解决方案,加上不同类型的测试得出的结果又不尽相同,所以在做了很多次测试之后我终于领悟出一个道理:**"特别之处"不会因某人有某种个性而消失不见。**因此我才能大胆地做销售,也能大胆地说"不能因为别人有某种个性就断定他不适合做销售"。如果本书能让你有同感并让你乐在其中做销售的话,这就是我最大的快乐!

最后,我要借此机会感谢那些在工作和写作上给予过我帮助的人。我有今天的成就,完全仰赖于各位的鼎力相助！谢谢大家的支持！

大都会人寿保险公司的正司惠一先生；

大都会人寿保险公司的同人、前辈后辈；

给我这个新手作家提供帮助的盐尻朋子小姐以及帮助出版的朋友；

……

真心感谢以上师长、同人和朋友，盼望我们能早日欢聚一堂！

辻盛英一